Tirso de Molina

# Amar por razón de estado

Barcelona **2024**
Linkgua-ediciones.com

## Créditos

Título original: Amar por razón de Estado.

© 2024, Red ediciones S.L.

e-mail: info@linkgua.com

Diseño de cubierta: Michel Mallard.

ISBN tapa dura: 978-84-9897-275-7.
ISBN rústica: 978-84-96290-60-0.
ISBN ebook: 978-84-9897-106-4.

# Sumario

## Brevísima presentación

### La vida

Tirso de Molina (Madrid, 1583-Almazán, Soria, 1648). España.

Se dice que era hijo bastardo del duque de Osuna, pero otros lo niegan. Se sabe poco de su vida hasta su ingreso como novicio en la Orden mercedaria, en 1600, y su profesión al año siguiente en Guadalajara. Parece que había escrito comedias, al tiempo que viajaba por Galicia y Portugal. En 1614 sufrió su primer destierro de la corte por sus sátiras contra la nobleza. Dos años más tarde fue enviado a la Española (actual República Dominicana), regresó en 1618. Su vocación artística y su actitud contraria a los cenáculos culteranos no facilitó sus relaciones con las autoridades. En 1625, el Concejo de Castilla lo amonestó por escribir comedias y le prohibió volver a hacerlo bajo amenaza de excomunión. Desde entonces solo escribió tres nuevas piezas y consagró el resto de su vida a las tareas de la orden.

### La política y el conceptismo

Tirso de Molina fue un autor muy fecundo, escribió casi cuatrocientas comedias, de las que solo han quedado poco más de ochenta. Marcado por el estilo de Lope de Vega, es considerado su más brillante discípulo, a quien, como aquí se aprecia, superó en el trazo del perfil psicológico de los personajes femeninos.

Como exponente del conceptismo, Tirso de Molina tuvo varias disputas literarias con los autores del ámbito culterano.

Amar por razón de Estado describe, con un lenguaje directo, las vicisitudes de una relación sentimental asfixiada por los imperativos de la política. Una vez más asistimos al conflicto entre los intereses de Estado y los sentimientos personales.

## Personajes

Carlos, duque de Cleves
Dos criados
Enrique, caballero
Isabela, dama
Leonora, viuda
Ludovico, marqués
Ricardo, viejo
La duquesa, su esposa

## Jornada primera

(Salen Leonora y Enrique a una ventana, de la cual pende una escala.)

Leonora

Enrique, el Sol nos da prisa;
con esperezos la aurora,
si celosa de mí llora,
mis pesares le dan risa.

Enrique

¡Qué presurosa que pisa,
mi bien, el cóncavo espejo,
de sus celajes bosquejo!
¡Qué bien muestra a su pesar,
en su mucho madrugar,
que tiene el marido viejo!
    ¡Oh! ¿Quién candados pusiera
a las puertas de su Oriente,
porque presa eternamente,
eterna mi dicha hiciera?
¡Quién, rompiendo la vidriera
por donde su luz traspasa,
pusiera a sus cursos tasa
e impidiéndole el correr,
le hiciera, pues es mujer,
que aprendiera a estarse en casa!
    ¡No estuviera yo en Noruega,
donde hay noches tan corteses,
que regalan por seis meses
a quien a su clima llega!

Leonora

Si Amor en ellos sosiega,
¿de qué, mi bien, serviría
tan prolongada alegría,
habiéndola de lastar

llorando, con esperar
otros seis meses de día?
   No alargues con dilaciones
recelos de nuestro daño;
mira que a dichas de un año
riesgo de un instante pones.
Baja, mi bien.

Enrique                       Escalones
de mi muerte bajaré.
(Baja el primer paso.) ¿Cuándo a verte volveré?

Leonora          ¿Eso pregunta quien ama,
y ausente del Sol la llama,
de su fuego esfera fue?
   Mientras está en Belpaís
el duque, y la noche oscura
miedos del Sol asegura,
¿qué preguntas?

Enrique                  ¡Vos decís
que me amáis, y permitís
que me vaya!

Leonora               Es el temor
ayo cruel del honor,
y el Sol que a nacer empieza,
en su misma luz tropieza
por descubrir nuestro amor.
   ¿Bajaste ya?

Enrique             El primer paso.

Leonora      Adiós, pues.

| | |
|---|---|
| Enrique | Oye de aquí<br>quejas del alma. |
| Leonora | ¡Ay de mí!<br>Vete, Enrique, y habla paso. |
| Enrique | Si hicieras, Leonora, caso<br>de mis penas... |
| Leonora | Si te ve<br>el Sol... |
| Enrique | Ya, mi bien, bajé<br>otro escalón; que violenta<br>mi fe, los pasos me cuenta,<br>y no la haces de mí fe. |
| Leonora | Repara, amores, por Dios,<br>que no es amante discreto<br>quien pone a riesgo el secreto. |
| Enrique | Reparad en mi amor vos. |
| Leonora | Voyme. |
| Enrique | Ya bajé otros dos. |
| Leonora | No ocasiones mi cuidado. |
| Enrique | Mi bien, ¿pues qué juez no ha dado<br>lugar que en cada escalón<br>siquiera hable una razón<br>el más vil ajusticiado? |

| | |
|---|---|
| Leonora | Mira que ya son las hojas<br>ojos de Argos, que nos ven<br>de este jardín. |
| Enrique | ¡Ay mi bien!<br>Yo te adoro, y tú te enojas. |
| Leonora | Temo. |

(Acabando Enrique de bajar.)

| | |
|---|---|
| Enrique | Cesen tus congojas;<br>que ya me voy. Goce el sueño<br>la gloria que en ti le empeño. |
| Leonora | ¿Soltaré la escala? |
| Enrique | Sí. |
| Leonora | ¿Vaste? |
| Enrique | Voyme, y quedo en ti. |
| Leonora | ¡Ay dulce esposo! |
| Enrique | ¡Ay mi dueño! |

(Suelta Leonora la escala, y se retira. Salen el duque y dos criados.)

| | |
|---|---|
| Duque | ¿A estas horas hombre aquí?<br>Matadle, si no se da. |
| Enrique (Aparte.) | (Ya, Amor, descubierto está |

vuestro secreto por mí.)
   Restaure el acero agora
culpas que por tardo os doy.

Duque                 ¿Quién eres?

Enrique                          Un hombre soy.

Duque                 Pues ¿qué haces aquí a tal hora?

Enrique                 Idolatrar estas piedras,
de mi hechizo semejanza
y comparar mi esperanza
a sus siempre verdes yedras.

Duque                 ¿Amas en palacio?

Enrique                        Adoro.

Duque                 ¿A quién?

Enrique                     Si fueras discreto,
no ofendieras al secreto
de Amor más rico tesoro.

Duque                 ¿Por dónde al parque cerrado
entraste?

Enrique                    Si Amor es ave
que penetrar nubes sabe,
¿qué preguntas?

Duque                 Al sagrado
de este lugar, es delito

entrar de noche.

Enrique                           Al Amor,
que es el monarca mayor,
ningún lugar le limito.

Duque              Di quién eres.

Enrique                      Todo yo
soy amor, y no soy más.

Duque              Si te encubres, morirás.

Enrique            Amor esfuerzo me dio
   para defenderme.

Duque                 ¡Muera!

Enrique            Mal mi valor conocéis.

(Echan mano a las espadas los cuatro y éntranse acuchillando el duque y
Enrique. Los criados huyen al punto. Dentro.)

Duque              ¡Valiente brazo! ¿Qué hacéis?
¡De un solo hombre huís!

(Salen el duque y Enrique, volviendo a salir. El duque retirándose de Enrique.)
Duque                              Espera.
   Advierte que el duque soy.

Enrique            Vuestra alteza me perdone,
si mi espada se le opone;
porque resuelto estoy
   de morir, antes que sepa

quién la espada le ha ganado,
venturoso desgraciado,
aunque en mi valor no quepa
    el justo merecimiento
que consigue mi osadía.
Vuestra alteza honre la mía,
porque con la suya intento
    dar principio a mi ventura,
y mi sangre ennoblecer.

Duque            Tu valiente proceder
de mi enojo te asegura.
    Dos criados me has herido,
pero no temas por eso.

Enrique          Que me ha pesado confieso,
    aunque en mi defensa ha sido

Duque            Descúbrete, caballero.

Enrique          Vuestra alteza tiene fama
de cruel contra quien ama
sangre suya, y de aquí infiero
    lo mal que me puede estar
hacer de quien soy alarde.
El Sol sale. Adiós; que es tarde,
e indecente este lugar.

(Vase Enrique.)

Duque            ¡Determinado valor!
¿Qué es esto? ¡Válgame el cielo!
¡Una escala está en el suelo!
Cayó por ella mi honor.

El arrogante embozado,
autor de mi afrenta ha sido;
que el peligro hace atrevido
al más cobarde culpado.

  ¿Qué hay que dudar? ¿No me dijo:
«Vuestra alteza tiene fama
de cruel contra quien ama
sangre suya»? Si colijo

  de aquí consecuencias llanas,
a mi sangre fue traidor,
y torpe ofende mi honor
una de mis dos hermanas.

  ¿Si será Leonora? No;
que en su temprana viudez
la virtud ha sido juez
de que Artemisa perdió

  el casto blasón con ella.
¿Será Isabela? Tampoco,
pues al deseo más loco
reprime ardores de vella.

  Pues ¿quién será de las dos,
si no tengo en Belpaís
otra sangre? ¿Qué decís,
honra, en estas dudas vos?

  Este cuarto es de Leonora
y de Isabela; esta escala
en la culpa las iguala,
si cómplice, acusadora.

  Para poder sentenciar,
información se ha de hacer.
¿Vos sois casa de placer?
Mejor diréis de pesar.

  ¿Llamaré gente que siga
mi enemigo? Sed más sabio,

honor mío; que el agravio
no lo es mientras no se diga.
    Ni el Sol que empieza a nacer,
con verlo todo y ser mudo,
de las ofensas que dudo
testigo tiene de ser.
    El tiempo dará noticia
de quién es quien me ofendió,
pues en mi espada llevó
la insignia de mi justicia.
    Ella le dará castigo,
pues aunque encubrirse prueba,
no va seguro quien lleva
a la justicia consigo;
    y yo guardaré entre tanto
este instrumento agresor.
Tratos de cuerda el Amor
da a la honra. No me espanto
    que os venza, mudable hermana,
pues la más firme mujer
frágil cuerda viene a ser,
y la más cuerda, de lana.

(Bájase a tomar la escala, halla papeles rotos, y cógelos.)

    Papeles pedazos hechos
hay por aquí, que arrojados,
son despedidos criados;
y descubriendo sus pechos,
    podría ser que se vengasen
de quien los despedazó.
Sospechas, ¡dichoso yo,
si en verdades os trocasen!
    Esta letra es de Leonora.

Medio renglón dice ansí:

(Lee.) «Mi bien, cuando estoy sin ti...»
Mas indicios hay agora,
   Isabela, en tu favor,
que a Leonora culpa dan...
¡Qué dichoso que fue Adán
libre de riesgos de honor!

(Lee.)    «Mi bien, cuando estoy sin ti...»
¿De tú, Leonora mi bien
a un hombre, y no sé yo a quién?
¿Viuda noble que habla ansí?
   Muy adelante está ya
en materia de afición.
Leamos otro renglón;
que puesto que roto está,
   si indicios de estotro iguala,
no habrá que imaginar más.

(Lee.) «Mañana a verme vendrás...
y estotra noche la escala...»
   Bien los delincuentes pinta
la sospecha, sabio Apéles,
en estos rotos papeles.

(Lee.) «La respuesta en esta cinta...»
   No entiendo esto. Alguna traza
para escribirse los dos,
les dio el mal nacido Dios.

(Lee.) Éste dice: «...duque a caza».
   Es verdad, ayer salí.

(Lee.)  «...cinta, asegura cuidados
de enemigos no excusados.»
Ya este misterio entendí.
    Leonora le escribiría,
y por guardar el respeto
al siempre cuerdo secreto,
de una cinta colgaría
    el papel, el Sol ausente,
porque acudiendo por él
su amante, aliviase en él
llamas de su amor ardiente.
    Vendría de noche en fin,
y la cinta serviría
de tercera, y llevaría
cuando entrase en el jardín,
    la respuesta, cuerda y muda.
¡Nuevo modo de querer!
Mas ¿qué no hará una mujer,
si sobre discreta, es viuda?
    «Enemigos no excusados...»
los vivos terceros llama.
Bien dice, porque la fama
anda enferma entre criados.
    Si como supo guardar
secretos, guardar supiera
papeles, poner pudiera
escuela nueva de amar.
    Ahora bien, yo he de saber
con industria y con secreto
quién es el feliz sujeto
que en Leonora pudo hacer
    tan no pensada mudanza.
Mi espada lleva, y la suya
me dejó por ella; arguya

quién puede ser, mi venganza.
A la corte he de volverme;
que tal vez en la lleneza
del campo está la grandeza
a peligro, donde duerme
el cuidado. Torre, quinta,
no veré más vuestras flores,
que dan entrada a traidores
y hacen tercera una cinta.

(Vase el duque llevándose la escala. Sale Enrique.)

Enrique           ¿De la escala se olvida quien adora
a quien al Sol en hermosura iguala?
¡En tal ocasión, cielos! ¡A tal hora!
¿Y por discreto Cleves me señala?
¿Yo amante? ¿En posesión yo de Leonora,
y la escala me olvido? ¿Y en la escala
dejo indicios al duque sospechoso
contra la fama de mi dueño hermoso?
Asaltóme su hermano de improviso;
no pude prevenir con el cuidado
en mi defensa a daño tan preciso;
descuidéme, y Amor que es descuidado,
¿qué merece? Por necio o por remiso
mi Leonora dirá: «Ser olvidado,
pues si un amor con otro amor se paga,
olvido es bien que a olvido satisfaga».
¡Un año de secreto, en un instante
perdido por mi culpa, cuando pinta
la discreción trofeos de un amante,
si no en bronces, en flores de una quinta!
¡Un amor sin tercero que le espante,
cifrado cada noche en una cinta,

mudo correo de amorosas quejas,
letras de amor librándome a unas rejas!
El duque halló la escala, ¿quién lo duda?
Y en ella la opinión de mi Leonora,
o desacreditada o puesta en duda
por culpa mía, mis descuidos llora.
¿Con qué ojos, pues, idolatrada viuda,
a los tuyos podrá llegar agora
quien te ha ofendido, si el mayor culpado
es en casos de amor el descuidado?

(Sale Ricardo.)

Ricardo          Enrique.

Enrique                    ¡Padre y señor!

Ricardo          ¿Cómo has madrugado hoy tanto?

Enrique          Son enemigos del sueño
el calor y los cuidados.

Ricardo          ¡Cuidados tú! ¿Pues de qué?

Enrique          No son razones de Estado,
ni de amor ciegos desvelos;
pues nunca ha podido tanto
conmigo el bárbaro ocio,
que haya degenerado
de la crianza que en mí
hacen tus consejos sabios.
Como soy hechura tuya
y tu sangre propagando
en mí, procuras al tiempo

dejar tu mismo retrato;
eres mi padre y maestro
armas y letras cifrando
en avisos y en liciones,
por quien dos veces te llamo
dueño natural. Deseos
de no desmentir, Ricardo,
esperanzas que en mí siembras.
Mil noches me han desvelado.
No has permitido hasta agora
que rompa el límite escaso,
prisión de mi juventud,
de estos montes y estos prados.
Diez leguas dista de aquí
la corte, que alabas tanto,
de Carlos, duque de Cleves;
veinte veces ha pisado
rosa abril y escarcha enero
que de los maternos lazos
a la luz del Sol salí,
sin haber de ti alcanzado
que a ver la corte me lleves,
preso entre los riscos altos
de estas asperezas frías,
cuyas faldas bordan mayos.
Si intentabas, padre noble,
que viviese entre villanos,
donde por dueño te tienen
un castillo y pueblos cuatro;
¿para qué tan cuidadoso
las artes me has enseñado
liberales? ¿Para qué
el hacer mal a un caballo,
saber jugar el acero,

acometer un asalto,
dar dos botes de una pica,
el noble lenguaje y trato
de las cortes de los reyes,
si, como sabes, es llano
ser inútil la potencia
que no se reduce al acto?
¡Ay mi Leonora ofendida!

(Aparte.)    (Divirtiendo estoy en vano
sentimientos de mi ofensa,
ocasiones de tu agravio.)

Ricardo    Enrique, mozo estudié,
hombre seguí el aparato
de la guerra, y ya varón
las lisonjas de palacio.
Estudiante gané nombre,
esta cruz me honró soldado,
y cortesano adquirí
hacienda, amigos y cargos.
Viejo ya, me persuadieron
mis canas y desengaños
a la bella retirada
de esta soledad, descanso
de cortesanas molestias,
donde prevengo despacio
seguro hospicio a la muerte,
con prudencia escarmentado
en los viejos que en la corte,
de su libertad tiranos,
mueren sin haber vivido,
pródigos de canas y años.
Antes que honrase mi pecho
con el blasón soberano

malta de esta blanca cruz,
del valor y hazañas blanco;
saliste al mundo, y quedó
tu crianza, Enrique, a cargo
de mi amor y mis consejos.
Creciste en fin y dejando
con la infancia los estorbos
que en el natural humano
el uso de la razón
impiden en tiernos años;
fui a los nueve tu maestro,
por causa tuya colgando
las armas y pretensiones;
y a esta quietud retirado,
desde las primeras letras
tu ingenio dócil y blando,
hasta la filosofía
por mi industria ha granjeado.
Sin éstas no puede un hombre
perder el nombre de esclavo
pues en fe de hacerle libre,
liberales se llamaron.
La militar disciplina
en tu natural bizarro
lograr hazañas pretende
que te ganen nombre claro.
Con las armas y las letras
podrás, si a César te igualo,
vencer de día, y de noche
escribir tus comentarios.
Voyte enseñando también
la policía y el trato,
modos, términos, respetos,
que en la corte hace el engaño,

maestro de ceremonias;
que llevo, Enrique, por blanco
sacarte de aquestos montes
un perfeto cortesano.
Para serlo, no te falta
sino resumir de paso,
habituando el ingenio,
lo que hasta aquí te he enseñado.
Presto cumplirás deseos,
los míos después logrando
a satisfacción del mundo
y de la corte de Carlos.

Enrique (Aparte.)    (¡La escala se olvida un hombre
a tal hora y en tal paso!)
¿Qué disculpa, amado dueño,
podré dar a tus agravios?

Ricardo    Dejando, pues, por agora
deseos que sazonados
se cumplirán a su tiempo,
será razón que volvamos,
Enrique, a nuestro ejercicio.
Ayer tarde repasamos
los meteoros, y en ellos
bastantemente informado,
sabes de lo que proceden
las nubes, lluvias y rayos,
cometas y exhalaciones
que la región infamando
del elemento tercero
al vulgo causan espanto,
como crinitas, caudatas
y otras, que por no ser largo,

dejo porque ya las sabes,
por ellas conjeturando
guerras, muerte de señores,
hambres, mudanzas de estados,
y otras desdichas que anuncian
los cuerpos simples y varios,
de cuyo influjo dependen
los vivientes de acá abajo.
Agora has de resumirme
lo que ayer para hoy dejamos
en materia de los cielos,
sus ortos y sus ocasos.

Enrique (Aparte.)    (¡Vive Dios, que no merece
quien ama y es descuidado,
nombre de hombre!)

Ricardo    ¿Cómo es eso?
¿Estás en ti?

Enrique (Aparte.)    (Y repasando
lo que esta noche olvidé...)

Ricardo    Di pues.

Enrique (Aparte.)    (¿Que haya yo agraviado
por un descuido, Leonora,
vuestra opinión?) ¡Y me llamo
amante vuestro!

Ricardo    ¿No dices?

Enrique (Aparte.)    Sí, señor. (¡Ay! ¡Cuán contrario
son desvelos del estudio

de los de un enamorado!)
    La fábrica de los cielos,
de los dedos de Dios digna,
eterna en su inmensa idea,
y en tiempo el primero día,
según opinión probable,
es de la materia misma
que las demás criaturas,
en cuanto es materia prima;
pues dado caso que aquesta
intrínsecamente siga
el apetito que tiene
a la forma que varía,
de donde es fuerza que nazca
la corrupción que aniquila
la sustancia que le informa
porque las demás reciba,
y no pudiendo mudarse
en los cielos la adquirida
desde su creación primera,
ya parece que es distinta;
lo cierto es que toda es una,
y esencialmente se inclina
a las formas que no tiene
aunque nunca las consiga,
como el hombre, que es risible
puesto que jamás se ría,
ni ponga esta forma en acto
como de algunos se afirma.
Los que se mueven son diez,
y once con la esfera empírea,
corte de quietud eterna
de santos y jerarquías.
Su hechura es cóncava y hueca,

cuyas esferas contiguas
se tocan unas a otras,
porque darse vacuo impidan
de sus físicos contactos.
Hay filósofos que afirman
aquella música acorde
cuya inefable armonía
no nos parece escuchar
pues según buena doctrina,
ab asuetis non fit passio,
aunque es opinión de risa.
Excédense unos a otros
lo que por la perspectiva
de sus ángulos se saca,
conforme a la astrología
de Alfagrano, diferencia
sexta y vigésima prima
y otros de su sabia escuela
del modo que aquí se pinta.

(Distráese Enrique.)
(Aparte.)
    (¿Que me dejase la escala
olvidada yo? ¿Y que diga
que a Leonora quiero bien?)
¡La escala yo!

Ricardo
              ¿Desvarías,
Enrique? ¿Qué es esto? Di.

Enrique
    Influjos que se derivan
desde los cuerpos celestes
y en la tierra predominan
son como escalas señor.

Ricardo

No, Enrique; tú desatinas,
o alguna pasión secreta
tu memoria tiraniza.
No estás hoy para cuestiones
sutiles; ven a la esgrima
y, por las prácticas, deja
artes especulativas.

(Toman espadas de esgrima.)

Toma aquesa espada negra.
La destreza de Castilla
es la que en Europa agora
comúnmente se practica.
En el juego de Carranza
estás docto. Más estima
tiene el de Liébana. En éste
quiero ver cómo te aplicas.

(Esgrimen.)

Mete el pie derecho; saca
el izquierdo, uñas arriba.
Tírame esa punta al pecho;
cruza la espada a la vista.
Rebate mi acero agora.

Enrique (Aparte.)

(Por la honra y por la vida
es natural la defensa.
Duque, aunque el paso me impidas,
he de llevarme la escala,
sin que por ella colijas
quién es la prenda que adoro.
Muere y mi secreto viva.)

(Distráese esgrimiendo, dale a Ricardo una cuchillada en la cabeza y derríbale el sombrero.)

Ricardo          ¡Loco! ¿Qué has hecho?

Enrique             ¡Ay, señor!
                 Siguió la espada atrevida,
                 sin regirse por el alma,
                 desconciertos de la ira.
                 Necio es quien reduce a leyes
                 el furor, que nunca mira
                 en preceptos militares,
                 si la venganza le incita.
                 Ciego de él dejé llevarme;
                 mas no hay disculpa que impida
                 mi bárbara inobediencia.
                 La mano, padre, castiga
                 que ha herido a quien debe el ser.
                 Dame con mi espada misma
                 la muerte, y vengue la blanca
                 lo que en la negra te indigna.

(Arroja Enrique la espada negra, saca la blanca; ofrécesela, y dale el sombrero
de rodillas.)
                 ¡Que herí a mi padre!

Ricardo                    No creas
                 que eres mi hijo, ni permitas
                 afrentar el orden sabio
                 con que sus especies cría
                 la cuerda naturaleza;
                 porque si como imaginas,
                 fuera, Enrique, yo tu padre,
                 cuando, el alma divertida,
                 me fueras a herir, la sangre
                 te detuviera, a ser mía.

El brazo, reverenciando
la fuente que la origina.
A la cabeza defiende
la mano, y contra la ira
de quien la injuria, recibe
naturalmente la herida.
Si yo tu cabeza fuera,
mal agraviarme podía
ramo de quien tronco soy,
sangre de quien eres cifra.
No, Enrique, no soy tu padre.

Enrique

Consuelos crecen desdichas,
pues mezclas, cruel piadoso,
dos contrarios de un enigma.
¿Que no eres mi padre?

Ricardo

No.

Enrique

¿Pues quién...?

Ricardo

Sabráslo algún día;
que yo no lo sé hasta agora,
hasta que el tiempo lo diga.

(Vase Ricardo.)

Enrique

«¿Que yo no lo sé hasta agora,
hasta que el tiempo lo diga?»
¡O presunción enemiga!
¿Cómo amaréis a Leonora?
Mi soberbia burladora
hijo noble de Ricardo
me llamó; mas ya ¿qué aguardo,

|                      | si aun me niegan mi bajeza |
|                      | la humilde naturaleza |
|                      | que pensé tener bastardo? |
| (Cíñese la espada.)  | Arrogante pensamiento, |
|                      | ¿A Leonora os atrevistes? |
|                      | ¿Cómo tan alto subistes |
|                      | con tan bajo fundamento? |
|                      | ¡Que aún no sé mi nacimiento! |
|                      | ¡Ay amorosa fatiga! |
|                      | Vuestro vuelo no prosiga |
|                      | pues sus principios ignora: |
|                      | «Que yo no lo sé hasta agora, |
|                      | hasta que el tiempo lo diga». |

(Sale Ludovico, de campo y sin espada.)

Ludovico  Dicha el no matarme fue
de la caída que di.
Enrique...

Enrique  Señor.

Ludovico  Caí...

Enrique  ¡Válgame el cielo!

Ludovico  Y quebré
la espada de más estima
que caballero ciñó.
El caballo tropezó
en un tronco y, dando encima,
tres partes hizo la hoja.

Enrique  Mucho daño os pudo hacer.

| Ludovico | A nuestro duque iba a ver; |
| | que en no haciéndolo, se enoja. |
| | Prestadme, Enrique, la vuestra... |

| Enrique | (La del duque —¡cielos!— es.) |

| Ludovico | ...y volveréosla después |
| | con mejoras. |

(Dásela.)

Enrique

¿Qué más muestra
de que ya está mejorada,
que vos, marqués, la pidáis,
si a vuestro lado la honráis?

(Sácala.)

Ludovico

¡Hermosos filos de espada!
Enrique, feriadmelá;
Daréos un lugar por ella.

Enrique

Si gustáis serviros de ella,
ya, señor, feriada está,
aunque tengo en ella puesto
mi gusto.

Ludovico

¡Ah! ¿Sí? Pues no es justo
que yo os quite tan buen gusto.
Yo os la remitiré presto;
y porque no vuelva sola,
enjaezado os traerán
el más brioso alazán

que parió yegua española.

(Enváinala.)

Enrique            Bésoos las manos.

Ludovico                      ¿Queréis
que vamos a Belpaís
los dos?

Enrique                  Si vos os servís
de mí, ¿por qué no?

Ludovico                    Seréis
del gran duque conocido;
que tiene satisfacción
de la fama y opinión
que vuestro estudio ha adquirido.

Enrique           A vuestra sombra, señor,
¿qué dicha no intentaré?

Ludovico          Soy primo suyo, y podré
haceros con él favor.

Enrique           Entrad, veréis nuestra quinta,
y tomaré yo otra espada.

Ludovico          No será tan extremada
como la que está en mi cinta,
aunque siempre se ha preciado
vuestro padre de tener
armas con que alarde hacer
de haber sido gran soldado.

Vamos.

Enrique (Aparte.)    (No pude negarle
la espada que me pidió.
Si el duque que la perdió,
la conoce, acompañarle
  ¿no es locura? Mas ¿qué importa?
¿Ya qué tiene que perder
hombre que no tiene ser?
Acabe mi dicha corta;
  que cuando el duque importuno
la muerte me mande dar,
a nadie podré afrentar
pues soy hijo de ninguno.)

(Vanse. Salen Leonora y el Duque.)

Duque    ¿Pues podrásme tú negar
no ser esta letra tuya?
Cada pedazo te arguya,
pues para multiplicar
  los testigos que dan nota
de tu descompuesto amor,
convencen tu roto honor
razones de carta rota.
  Niega que la infame escala
que al pie de tus rejas vi,
liviana, intentó por ti
meter la afrenta en tu sala.
  Niega el perdido respeto
a tu difunto consorte,
honesta viuda en la corte,
y en Belpaís, del secreto
  y la noche apadrinada,

pagando torpe tributo
a la liviandad en luto,
hipócrita disfrazada;
    que cuando excusas alegues
que estás maquinando en vano,
desmentida de tu mano,
no es posible que esto niegues.

Leonora (Aparte.)    (¡Ay desacertado Enrique
perdí mi opinión por ti
y tú me perdiste a mí!
¿Qué he de hacer?)

Duque                     Cuando fabrique
    tu ingenio agravios que hacer
a mis sospechas, Leonora,
no te han de excusar agora
sutilezas de mujer.
    Convencida estás.

Leonora                 Confieso
lo que en mi vida pensé;
y puesto que perderé,
cuando no la vida, el seso,
    por la reputación mala,
duque, en que contigo quedo;
dejarte seguro puedo
que los pasos de esa escala
    que has hallado y me desdoran,
no han llegado a profanar,
fuera del alma, el lugar
que dentro mi cuarto ignoran.
    Ofendió el consentimiento
al recato, no al honor,

pues no le agravia el amor
que al primero sacramento
   que vio el mundo, se sujeta.
Con aqueste fin cristiano,
aunque el medio fue liviano,
y la pasión indiscreta,
   le escribí aquese papel,
que después rompió el temor,
arrojándole el honor
por las rejas. Funda en él
   delitos de voluntad
que no se han puesto en efeto,
y advierte que es el sujeto
de tan noble calidad
   como la tuya.

Duque                       ¿Y la escala,
de tu deshonra instrumento?

Leonora        Amor, cuyo pensamiento
por los ojos se señala,
   a mi amante le diría
que consigo la trujese.

Duque          Si pedazos te leyese
de este papel, bien podría
   probarte cuán adelante
de lo que dices está
el liviano amor que da
tanta licencia a tu amante.
   Mas declárame quién es
el pretendiente atrevido.

Leonora        Señor, no pidas...

Duque                                 Yo pido
lo que te ha de estar después
  tan bien, que juzgues por sabio
el remedio de tu honor.

Leonora (Aparte.)     (Perdona, Enrique, al temor;
que es fuerza que te haga agravio.)
  Temo, si quién es publico
que has de enojarte.

Duque                         ¿Por qué,
si es tan noble? Di. ¿Quién fue?

Leonora      El marqués...

Duque                 ¿Quién?

Leonora                 Ludovico.

Duque      ¿Mi primo?

Leonora              Ése me desvela.

Duque      Pues siendo merecedor
Ludovico de tu amor,
¿por qué con tanta cautela
  y secreto te pretende,
pues cuando me declarara
su amor, era cosa clara
ser tu esposo?

Leonora             No te ofende;
  pero pretendió primero

|  |  |
|---|---|
|  | a mi hermana. |
| Duque | Eso es verdad. |
| Leonora | Mudóse la voluntad; |
|  | que amor es fuego lijero. |
|  | Viéndome en fin viuda, puso |
|  | los ojos con tanto afeto |
|  | en mí, que amante y secreto |
|  | a servirme se dispuso; |
|  | y por no dar a Isabela |
|  | celos, y enojarte a ti, |
|  | ha un mes que me sirve ansí. |
| Duque | Cuerdo ocasiones recela, |
|  | y cuerdo intento también |
|  | atajar inconvenientes. |
|  | Amorosos accidentes |
|  | disculpa, hermana, te den |
|  | siquiera por la elección |
|  | que en tan noble prenda has hecho. |
|  | Sosegado has ya mi pecho. |
|  | Al marqués tengo afición. |
|  | Con Isabela intenté |
|  | casarle; mas pues se muda, |
|  | disimula cuerda y muda, |
|  | porque a tu hermana no dé |
|  | celos, infiernos de amor |
|  | entre tanto que dispongo |
|  | las cosas, y medios pongo |
|  | que a Isabela estén mejor. |
| Leonora | Dame a besar esos pies, |
|  | pues satisfaces ansí |

tu honor y mi gusto.

Duque  En ti
se emplea bien el marqués.
   Cosas que tan adelante
en materia de honra están
mal remediarse podrán
si con medio semejante
   no sueldo el daño que has hecho.

Leonora (Aparte.)  (Enrique inconsiderado,
causa a tus celos has dado,
oculte tu amor mi pecho;
   que aunque crea tu impaciencia
que al marqués hago favor,
te adoraré en lo interior,
y al marqués en la apariencia.)

(Salen la Duquesa e Isabela.)

Duquesa  Dícenme, duque y señor,
que dejáis a Belpaís
por la corte.

Duque  Si el calor,
duquesa, aquí divertís,
Venus entre tanta flor;
   yo que de mi corte ausente,
hago a mi gobierno agravio,
juzgo por inconveniente,
pudiendo ser Catón sabio,
ser cazador imprudente.
   Hoy nos hemos de partir.

| Isabela | Más razón es acudir |
| | al bien común, gran señor, |
| | que al propio. |

| Duquesa | No sabe Amor |
| | replicar ni resistir. |
| | Vamos cuando vos gustéis. |

(Salen Ludovico y Enrique.)

| Ludovico | Por cumpliros el deseo |
| | que de conocer tenéis, |
| | gran señor, a Enrique, os veo |
| | tarde hoy. Honrar podéis |
| | en él, con satisfacción |
| | de su fama y experiencia, |
| | la nobleza y discreción, |
| | valor, cortesía y ciencia, |
| | que sus tributarias son. |
| | Disculpe lo que he tardado |
| | el padrino que he buscado. |

| Duque | Poco madrugáis, marqués; |
| | pero todo amante es |
| | cuidadoso, descuidado. |
| | Más os debe Belpaís |
| | de noche, que cuando Apolo |
| | logra los rayos que huís. |
| | Las estrellas os ven solo, |
| | con padrino al Sol salís. |
| | Negáis de noche secreto |
| | quien sois a la cortesía, |
| | y publicáisla, en efeto, |
| | al Sol; no sois vos de día |

como de noche, discreto.

(El Duque habla aparte con Ludovico.)

Esa espada no hace alarde
de hazañas que adquirís tarde;
guardarla os fuera mejor
si no es que a vuestro señor
notais, marqués, de cobarde.

Ludovico     ¡Señor!, ¿qué decís?

Duque                    Que en ella
mi desprecio se señala;
mas si os honráis de traella,
haré yo sacar la escala,
y os castigaré por ella.

(Vase el Duque. Síguele Ludovico.)

Ludovico     Gran señor, decid. ¿Qué espada?
¿Qué escala? ¿Qué confusión
mi lealtad tienen culpada?
Admitid satisfacción
de quien no os ofende en nada.

(Vase Ludovico.)

Duquesa     Airado el duque se fue
con el marqués. Isabela,
¿Qué es esto?

Isabela                    Aunque no lo sé,
el amor que me desvela,

por intercesor pondré.
A vuestra alteza suplico
que a desenojarle venga.

Duquesa          Que me pesa, os certifico
de que causa el duque tenga
de reñir con Ludovico.

(Vanse la Duquesa e Isabela.)

Leonora          A poder yo aborreceros,
osara, Enrique, reñiros,
o ahorrara mi amor suspiros,
pues ya no excusa el perderos.
Tan dificil será el veros,
como imposible el hablaros.
No supistes conservaros,
ni yo supe retirar
deseos que han de pagar
con la vida el adoraros.
        Por un instante de gusto,
años hemos de perder
del recíproco placer
que tiraniza un disgusto.
Límite tiene amor justo
que el necio desorden pasa.
Quien sin prudencia se abrasa,
arrepentido se hiela;
quien al gastar no recela,
corrido vive con tasa.
        Un papel nos ha vendido,
una escala descubierto,
un descuido nos ha muerto,
una desdicha perdido.

Todo el duque lo ha sabido;
a Ludovico he culpado.
¡Nombre de esposo le he dado,
y si de pesar no muero,
he de fingir que le quiero
por solo razón de Estado!
  ¡Ved de un yerro los que nacen!

Enrique          Enlazan las ocasiones
desdichas en eslabones
que eternas cadenas hacen;
pero si se satisfacen
matando, morir procuro
pues con la vida aseguro
el peligro que tenemos
porque muriendo, quedemos
libre vos, y yo seguro.
  Sois mi esposa en posesión
y yo con vos desigual,
nuestro peligro mortal,
cierta nuestra perdición.
Razón de Estado es razón
que contradicen los cielos.
La muerte ataja desvelos;
muera quien os ha perdido,
a vuestros ojos querido,
antes que ausente y con celos.

(Sale Isabela.)

Isabela          ¡Ay hermana de mis ojos!
Llevar manda el duque preso
al marqués. Perderé el seso
si duran estos enojos,

**44**

porque con justos antojos,
difíciles de entender,
le obligan a enfurecer.
Quejas forma de una espada
que ciñe al lado dorada
y mi homicida ha de ser.
    Luego nos manda partir
a la corte. Ven, Leonora,
y serás su intercesora,
o aquí me verás morir.

Leonora             Yo, ¿qué le puedo decir
con que se venga a aplacar?

Isabela              Nada te sabe negar.
Roguemos por él las dos.
Hidalgo, también a vos
os manda el duque llamar.

(Vase Isabela.)

Enrique              Habrá sabido que es mía
la espada. Si me da muerte,
dichosa será mi suerte.

Leonora             ¡Tantos males en un día!

Enrique              ¡Ea, amorosa osadía!
Muera Enrique desgraciado
pues tan mala cuenta ha dado
de la dicha que ha perdido,
cuando no por atrevido,
por amante descuidado.

Fin de la primera jornada

## Jornada segunda

(Salen Enrique y Ludovico, en la sala de prisión.)

Enrique     No me espanto que forméis
quejas de vuestra prisión,
supuesto que no sabéis,
marqués, la justa ocasión
con que airado al duque veis;
  mas primero que os la diga,
de vos me quiero informar.
Si la amorosa fatiga
gue reinos suele abrasar
y libres pechos castiga
  predominando en Leonora
la hiciera competidora
de la dicha de Isabela,
y aunque su amor os desvela
y os quisiese bien agora,
  ¿la mudanza podría hacer
el común efeto en vos
con que muestra su poder
Amor, que es fuego, si es Dios,
y nunca vive en un ser?

Ludovico    ¿Leonora a mí?

Enrique       Su beldad,
el ser del duque heredera,
de cuya esterilidad
Cleves sucesión no espera,
su discreción y su edad
  dan causa a lo que os pregunto,
pues siendo del Sol trasunto

puede, asegundando Amor,
elegiros sucesor
del malogrado difunto.

Ludovico       Enrique, no oso fiar
tanto de mi fortaleza.
Si en tan dichoso lugar
me pusiese su belleza,
que no temiese dudar
    la fe que a Isabela debo;
el mayor planeta es Febo
de cuantos alumbrar ves,
y muda de mes en mes
nueva casa y signo nuevo.
    Mas ¿por qué, me decís eso?
¿Qué tiene, Enrique, que ver,
tenerme ansí el duque preso
con tentarme por saber
si soy mudable?

Enrique               Intereso,
    marqués, de vuestra mudanza
toda la seguridad
de mi vida y esperanza.
Mi osadía perdonad;
alentad mi confianza,
    y aseguradme primero
si de amigo verdadero
podré gozar el blasón,
marqués, en vuestra opinión.

Ludovico       Bien sabes lo que te quiero,
    y que eres por mí privado
del duque.

| | |
|---|---|
| Enrique | Más me prometo |
| | de vos, aunque os he agraviado. |
| | Sois mi patrón, en efeto, |
| | y en esa fe confiado |
| | atrevimientos de amor |
| | escuchad. Yo, Ludovico, |
| | soy vuestro competidor, |
| | si en méritos menos rico, |
| | más dichoso en el favor |
| | de Isabela. |
| | |
| Ludovico | ¿Cómo es eso? |
| | |
| Enrique | Mis desatinos confieso; |
| | mas poco el amor abrasa |
| | que los límites no pasa |
| | comunes, y pierde el seso. |
| | El estar de Belpaís |
| | tan cercana nuestra quinta |
| | como en su bosque advertís, |
| | la caza, que guerras pinta |
| | de Marte y Amor, si oís |
| | de Adonis que cazador |
| | y amante rindió sus flechas |
| | a la madre del Amor, |
| | cuyas trágicas sospechas, |
| | sin dar fruta, le hacen flor |
| | la ocasión que poderosa, |
| | con la más difícil cosa |
| | sale cuando dichas traza, |
| | en fin, lugar, tiempo y caza |
| | me hicieron presa amorosa |
| | de Isabela, que rendida |

**49**

a alguna oculta influencia,
vuestros servicios olvida,
y con su hermosa presencia
da a mi atrevimiento vida.

 Creció el amoroso trato
con la comunicación
que malogra el tiempo ingrato,
sin que diese permisión
al temeroso recato

 que algún tercero indiscreto
tiranizase el secreto,
pues en su amorosa quinta
solo fió de una cinta
la guarda de su respeto.

 La noche que no la hablaba
aunque las más iba a vella,
atado a un listón hallaba
un papel —¡industria bella!—
y otro en su lugar dejaba.

 En esta vida, marqués,
pasó amor tan adelante
que en el discurso de un mes
de niño creció a gigante...
—Juzgad cuál sera después—

 hasta que mis persuasiones,
quejas, suspiros, pasiones,
dieron a mi atrevimiento
alegre consentimiento
y permisión sus balcones

 a una escala que llevé
y la desdicha estorbó.
Pues cuando subir pensé
vino el duque y malogró
diligencias de mi fe.

Intentó reconocerme
con otros dos. Encubríme.
Quiso matarme o prenderme.
Eché mano y resistíme.
Siguióme, y por defenderme,
   hiriendo a los dos, le gano
la espada, y más cortesano
que dichoso, con la mía
le dejo, huyendo del día
cuya luz intentó en vano
   descubrirme. Halló la escala
el duque. En fin, que recela
lo que en sus pasos señala,
y a Leonora e Isabela
confuso en la culpa iguala.
   Retiréme a casa yo
desesperado y sin seso
al tiempo que os sucedió
con la caída el suceso
que vuestra prisión causó.
   La espada del duque os di
cuando a hablarle con vos fui
y ofendiéndose de vella
a vuestro lado, por ella
os tiene en prisión aquí.
   Supo después que Leonora,
en quereros satisfecha,
vuestra prisión siente y llora;
y creciendo su sospecha,
está persuadido agora
   que vos fuistes el autor
de la escala y resistencia
a que me obligó el amor;
y embotando su prudencia

los filos de su rigor,
   conmigo ha comunicado
sus recelos y cuidado,
y por mi consejo intenta
tomar, marqués, por su cuenta
el dar a Leonora estado.
   Con ella os quiere casar.
Si os obliga su belleza,
y en el saber perdonar
resplandece la nobleza,
en mí la podéis mostrar.
   Y si no, al duque decid
que a Isabela he pretendido;
lo que me ama le advertid,
y de mi intento atrevido
satisfacción le pedid;
   porque en sabiendo el suceso
que a vuestra amistad confieso,
dé a vuestros celos venganza,
fin a mi loca esperanza,
y muerte a mi amor sin seso.

Ludovico          Enrique, mucho he querido
a Isabela, al mismo paso
que mudable me ha ofendido.
En justos celos me abraso;
mas, pues te has favorecido
   de mí, no tengas temor;
que a mi enojo he de vencer.

Enrique           Es de reyes tu valor.

Ludovico          No fue Isabela mujer
en escoger lo peor;

que en ti sus gustos mejora.
Cure mis celos Leonora;
que si un veneno se aplaca
con otro, eficaz, triaca
su amor me receta agora.

Enrique            Dame esos pies.

Ludovico                     De cuidado
            mudad, pensamiento.

(El duque cruza la galería y se dirige a la habitación de Ludovico.)

Enrique                         A verte
            entra el duque.

Ludovico                     Ya yo he dado,
            Enrique, en favorecerte.
            Por ti, quiero ser culpado.

(Sale el duque.)

Duque       Ya que os habrá, marqués, la prisión hecho
            más advertido, he dado a intercesiones
            lugar piadoso, aunque de vos sospecho
            que juzgaréis a agravios mis razones.

Ludovico       Antes, señor, de vuestro ilustre pecho
            conozco entre estas lícitas prisiones
            la justicia que mezcla la clemencia.
            ¡Cuerdo castigo de mi inadvertencia!
               Descuido fue de mozo, que podía
            ocasionaros a mayor venganza,
            a no tener en vos la sangre mía.

¡Padrino sabio y cierta confianza!

Duque            En materia, marqués, de cortesía
                 pocas disculpas el descuido alcanza.
                 Libre estáis.

Ludovico                         Vuestros pies invictos beso.

Duque            Sed más constante, ya que sois travieso.

(Vase el duque.)

Enrique          Esto, marqués, te dijo, porque piensa
                 que olvidas a Isabela por Leonora.

Ludovico            Ya, Enrique, atribuyéndome tu ofensa,
                 viudo es mi amor, pues en su luto adora.
                 Con su favor mi agravio recompensa.
                 Saque a Isabela su presencia agora
                 del alma donde fue dueño absoluto
                 y vístanse mis celos de su luto.

(Sálense los dos a la galería. Ludovico se va; Enrique se detiene.)

Enrique             ¿Qué confusión, enmarañados cielos,
                 es ésta que aborrezco y solicito?
                 Perilo soy, pues su tormento imito
                 tejiendo celos por morir en celos.
                    Eslabonan cadenas mis desvelos
                 siendo juez y agresor de mi delito;
                 tercero del marqués con quien compito
                 en mis tormentos fundo mis consuelos.
                    Si no ama Ludovico a mi Leonora,
                 publicando mi amor, mi muerte trata,

y han de matarme celos si la adora.
Todo es morir lo que el penar dilata.
Déme pues muerte airada el duque agora
y no un recelo que despacio mata.

(Sale Leonora.)

Leonora    ¿Qué haces, Enrique, suspenso?

Enrique    Parabienes preveniros,
que a costa de mis suspiros,
mi tormento hacen inmenso.
Que labro, Leonora, pienso
contra mí mismo tirano.
El sepulcro de mi mano
donde sin hallar salida,
fenezca mi triste vida,
como el tejedor gusano.
    Ya está el marqués persuadido
a vuestro amor lisonjero;
fui primero y soy tercero.
¡Ved la medra a que he venido!
¿Quién duda que habréis tenido
abierta puerta al cuidado,
que os habrá el marqués pintado
un generoso sujeto,
mozo, gallardo, discreto,
de real sangre y noble estado?
    ¿Y que, hecha comparación
entre mí y él, el desprecio
me pintara pobre, necio,
sin calidad ni opinión?
¡Ay, Leonora!

| | |
|---|---|
| Leonora | Enrique, pon |
| | freno al atrevido labio, |
| | pronunciador de mi agravio; |
| | que vas perdiendo el conceto |
| | que has tenido de discreto. |

| | |
|---|---|
| Enrique | Pues con celos ¿quién es sabio? |

| | |
|---|---|
| Leonora | Pues tú ¿de qué tienes celos? |

| | |
|---|---|
| Enrique | Cuando hay de qué, no lo son. |
| | En la elemental región, |
| | imagen de mis desvelos, |
| | verás si miras los cielos |
| | una nube retocada |
| | del Sol, blanca y encarnada, |
| | que resolviéndose en viento, |
| | cual celos sin fundamento, |
| | pinta montes y no es nada. |
| | ¿No pretendes que te quiera |
| | el marqués? |

| | |
|---|---|
| Leonora | Porque aseguro |
| | la vida, ansí lo procuro. |

| | |
|---|---|
| Enrique | Mis temores considera. |
| | Amor fuego, mujer cera, |
| | yo hablarte y verte por tasa, |
| | él sin ella y en tu casa. |
| | Cuando de burlas le adores, |
| | de veras son mis temores; |
| | que amor burlándose abrasa. |
| | Diráte encarecimientos, |
| | que aunque de ti no creídos, |

pasarán por los oídos
y engendrarán pensamientos.
Éstos al principio lentos,
en el alma alimentados,
van cebando cuidados;
y siendo el pecho su centro,
cencerá el marqués, si dentro
tiene tales abogados.
    ¿Quién duda que aunque te pese,
tal vez, si a solas estás,
favores no le darás
con que su dicha confiese?
Cuando una mano te bese
—supongo que sea forzada—
aunque después retirada
propongas darle castigo,
¿qué no alcanzará contigo
una mano ya besada?
    ¿Has de cortártela? No.
Luego siempre que la vieres
te has de acordar de él. ¿Y quieres
que no desespere yo?
La mano que él cohechó,
el pensamiento importuno,
el verte a tiempo oportuno,
todos sí por él están.
¿Qué hazaña no acabarán,
tantos, Leonora, contra uno?
    Querráte casar tu hermano
con él, como ha prometido;
ya yo estaré aborrecido,
y ya cohechada tu mano.
Seré yo estorbo tirano.
¿Pues qué remedio? Matarme.

Pues ¿no es mejor excusarme
de tantos sustos, Leonora,
y dándome muerte agora,
despacio no atormentarme?

Leonora          Enrique, quédate. Adiós;
que estás hoy impertinente.

Enrique            Mi bien, mi gloria, detente.
¿Vos os vais, y me amáis vos?

Leonora          Hemos de reñir los dos,
si oigo desalumbramientos
de tus desvanecimientos.

Enrique            No tratemos de ellos más.

Leonora          Estás necio hoy; no podrás.

Enrique            Mudos serán mis tormentos.

Leonora          Si sabes que soy tu esposa,
¿Por qué mi opinión agravias?

Enrique            Celos, amores, son rabias.

Leonora          Visita a Isabela hermosa;
que aunque yo viva celosa,
más prudente me verás.

Enrique            Me iré, pues en eso das;
mas ¿si en amar te resuelves
al marqués?

| | |
|---|---|
| Leonora | ¿Pues a eso vuelves? |
| Enrique | ¡Ay mi bien! No puedo más. |

(Vase Enrique. Habla aparte al salir Isabela.)

Isabela
¡Pasar delante de mí
y fingir que no me ve,
y después que le llamé,
hablarme el marqués ansí!
    ¡Grave conmigo y con seso!
¿Qué ocasion habrá tenido,
si por él he intercedido
con el duque, estando preso?

Leonora            Isabela.

Isabela                    Hermana mía.

Leonora            ¿Qué tratas contigo a solas?

Isabela
Amor es mar, y en sus olas
anegar mi paz porfía.
    Basta, que de la prisión
sale el marqués tan trocado
que delante mí ha pasado
con tan libre ostentación
    como si en toda su vida
me hubiera querido bien.
Díle, hermana, el parabién
de ver tan presto cumplida
    Su libertad, negociada
por mí, como Cleves sabe
y él, tan necio como grave,

dijo, la color mudada:
«De dos libertades puede
vuestra alteza, gran señora,
darme plácemes ágora:
del alma, que es la que excede
   a todas si estuvo presa
en su amor; y la segunda
del cuerpo, que es en quien funda
el parabién que confiesa.»
   Y haciendo una reverencia,
puesto que cortés, mayor
que las que permite amor,
se partió de mi presencia.

Leonora          Soñaráse duque ya
de Geldres, y que le espera
por esposo su heredera.

Isabela          ¿Cómo es eso?

Leonora                  Favor da
   mi hermano a sus pretensiones
y, con él reconciliado,
de la prisión le ha sacado,
ofreciendo intercesiones
   con que consiga su intento.

Isabela          ¿Mi hermano hace contra mí?

Leonora          Hánmelo afirmado ansí;
no sé con qué fundamento.
   Mas si tus celos procuran
reducirle a su obediencia
según muestra la experiencia,

celos con celos se curan.
Anoche, hermana, te dije
que de Enrique colegí
que está perdido por ti.

Isabela

Imposible amor le aflige.

Leonora

Contemplarte como objeto
de su amor quiere, y no más;
pero no me negarás
que no es Enrique sujeto
  más digno que Ludovico
si es que partes personales
juzgas por más principales
que el ser noble y el ser rico.

Isabela

¿Qué querrás decir por eso?

Leonora

No digo yo que te mueras
por él aunque bien pudieras,
pero en cualquiera suceso,
  para dar en qué entender
al marqués, ¿dónde hallarás
hombre que merezca más?

Isabela

¿Había yo de querer,
  ni aun burlando, a quien alcanza
fama solo por letrado?
En vez de darle cuidado,
le diera al marqués venganza.

Leonora

No consentiré tampoco
que trates a Enrique mal:
amor que mira en caudal,

o peca de necio o loco.
  Enrique merece tanto
por su mucha discreción,
talle, gracia y opinión;
que no sin causa me espanto
  de que ansí le menoscabes.
¿Tan divino entendimiento
desprecias? ¿Y lo consiento?
Lo poco muestras que sabes;
  mas no son dignos tus ojos
de que se logren en él.

(Hace que se va.)

Isabela               Vuelve acá, que estás cruel.
  ¿Por eso formas enojos?
    Digo que Enrique es sujeto
tan digno de ser querido,
que al marqués pongo en olvido.
Preferirle te prometo
  a cuantos el mundo alaba.
Desde que en palacio entró,
de suerte me pareció,
que si te le desdoraba,
  era por no ocasionarte
a que no siendo mi igual
por él me tratases mal;
pero ya intento agradarte
  de suerte, porque me aplique
al gusto y no al interés
que desdeñando al marqués,
desde hoy doy el alma a Enrique.

Leonora          ¿Tú el alma a Enrique? ¿Estás loca?

A no tener sangre mía,
saliera con su porfía
el amor que te provoca.
    Enrique ¿es más que un hidalgo,
sucesor de un capitán
a quien la cruz, de San Juan
ennoblece, si es que es algo?
    Aún legítimo no sé
si merece que le nombre.
¿Es Enrique más que un hombre
que ayer de unos montes fue
    hijo, como ellos grosero?
¿Qué letras puede tener
quien nunca escuelas fue a ver
ni tuvo grados primero?
    Celébrale la opinión
porque lo que ignora precia
y ya sabes tú que es necia
la vulgar admiración.
    En verdad, ¡por gentil modo
celos al marqués causabas!
¡Buen competidor llevabas!

Isabela          ¿Yo? Tú te lo dices todo.
    Acábasme de pintalle
más bello que un Absalón,
más sabio que Salomón,
más que un Narciso en el talle,
    y luego le has abatido,
y hasta el suelo derribado.
¡Pobre galán malogrado
que tan presto ha envejecido!
    Pésate si le desprecio,
y si le alabo me infamas.

Cortés y sabio le llamas
y luego grosero y necio.
   Hasle subido a los cielos,
y luego al suelo le arrojas.
Leonora, o son paradojas
o para acertar, son celos.

Leonora          ¿Celos yo de tan bajo hombre?
Si tenerlos de él pudiera,
¿crees tú que te persuadiera,
ni aun pronunciando su nombre,
   a que con él al marqués
dieses celos?

Isabela                        Tú, Leonora,
me lo propusiste agora.
Si tan humilde le ves,
   ¿por qué en tan bajo sujeto
gustabas que me emplease,
y al marqués celos causase?

Leonora          Porque son de más efeto
   los celos, cuanto es más bajo
el que los causa, y ansí
un hombre bajo te di,
que en consecuencia te trajo
   el gusto con que señalo
la cura de ese veneno.
Para dar celos es bueno;
pero para amarle malo.
   Pero si estás persuadida
a su amor, ríndele el pecho.
(Aparte.)          (Celos, ¿qué es lo que hemos hecho?
¡Ay de mí, que voy perdida!)

**64**

(Vase Leonora.)

Isabela   ¡Válgate Dios por mujer!
¿Qué extrañas contradicciones
a mis imaginaciones
quieren dar en qué entender?
    Sin duda quiere Leonora
a Enrique, pues no permite,
cuando mi elección le admite,
mi amor, y ansí le desdora.
    Mas no; que si le quisiera,
no había de aconsejarme
que fingiese, por vengarme
del marqués, esta quimera.
    ¡Qué de ello me le alabó!
Y cuando le vio admitido
por mí, ¡qué presto abatido
me le desacreditó!
    Misterio hay aquí sin duda;
pero haya lo que hubiere,
el marqués en Geldres quiere
casarse, y amores muda.
    Leonora me ha aconsejado
que con Enrique le dé
celos. De él me vengaré
por solo razón de Estado.
    Si la comunicación
de Enrique pudiere tanto,
que con amoroso encanto
me obligare a su afición,
    con Leonora me aconsejo;
perdonará si le sigo,
porque, en fin, del enemigo

dicen que el primer consejo.

(Sale la duquesa.)

Duquesa     Albricias me puedes dar,
            Isabela, pues va ves
            En libertad al marqués.

Isabela     Si da albricias un pesar,
               pídamelas vuestra alteza.

Duquesa     ¿Pesar tú? ¿Cómo o por qué?

Isabela     Porque en la arena sembré
            esperanzas y firmeza.
               Ludovico se nos casa
            en Geldres.

Duquesa                    ¡Válgame el cielo!

Isabela     Siempre tuve este recelo,
            puesto que agora me abrasa.
               Por él el duque intercede.

Duquesa     ¿Quién te lo ha dicho?

Isabela                      Leonora
            estas nuevas me dio agora.
            Tanto, gran señora, puede
               el interés, que atropella
            obligaciones de amor.
            Es el duque intercesor,
            y mi opositora bella.
               Mas si cuando amor se huye

celos le suelen volver,
hoy con celos he de ver
cómo al marqués restituye.
　　Mi hermana me ha aconsejado
que finja que a Enrique estimo,
y si a hacerlo no me animo,
es por no hallarle en estado
　　digno de esta competencia.

Duquesa　　　　　El remedio es eficaz,
y el opositor capaz
en discreción y en presencia
　　para todo buen suceso
y aún para ser principal.

Isabela　　　　Si fuera al marqués igual,
que le amara le confieso
　　a vuestra alteza.

Duquesa　　　　　　　　　¿No es noble?

Isabela　　　　Tiene mediano valor.

Duquesa　　　　　Sobre ése puede el favor
trasformar en palma un roble
　　y no es tan poco el que alcanza
del duque, que no merezca
que al marqués celos ofrezca,
si alentamos su privanza.
　　Quédese esto por mi cuenta,
y por la tuya el vengar
por medio suyo el pesar
que darte el marqués intenta.

| | |
|---|---|
| Isabela | Alto. Si ansí le parece<br>a vuestra alteza, desde hoy<br>principio a este engaño doy.<br>Mas ¿si con Enrique crece<br>  la ocasión de estas quimeras,<br>y comenzando el favor<br>de burlas, se alzase Amor<br>en mi libertad de veras? |
| Duquesa | Nunca otro mal te suceda.<br>¿Cuántas veces habrá entrado<br>uno en casa por criado<br>que por su dueño se queda? |

(Sale el duque.)

| | |
|---|---|
| Duque | Muerto se nos ha, duquesa,<br>el mayordomo mayor.<br>Grande experiencia y valor<br>nos falta. |
| Duquesa | Mucho me pesa;<br>  mas para que consolar<br>su pérdida, señor, pueda<br>vuestra alteza, en Cleves queda<br>quien ocupe ese lugar. |
| Duque | ¿Tenéis vos satisfacción<br>de que haya en Cleves sujeto<br>tan expediente y discreto<br>como el muerto? |
| Duquesa | La opinión<br>  de Enrique... |

| | |
|---|---|
| Duque | Es muy mozo Enrique |
| | para que en mi casa mande, |
| | y el cargo le viene grande. |
| | |
| Duquesa | ¡Cuando por él te suplique, |
| | puede mi favor suplir |
| | la edad, no la suficiencia; |
| | que ésa en su ingenio y presencia |
| | fiadora puede salir |
| | de las ventajas que hace |
| | al mayordomo! |
| | |
| Duque | Está bien. |
| | Si a vos os parece bien, |
| | Enrique me satisface. |
| | Entre Enrique en esa plaza. |
| | |
| Duquesa | Mucho, gran señor, os debo. |
| | |
| Duque | Como en palacio es tan nuevo, |
| | aunque es persona de traza, |
| | murmuraciones ocultas |
| | del vulgo desenfrenado |
| | estorban no le haber dado |
| | mis papeles y consultas. |
| | Daréselas al marqués; |
| | que, en fin, el estilo sabe |
| | de mis despachos. |
| | |
| Duquesa | No cabe |
| | cargo de tanto interés |
| | en tan liviano sujeto. |

| | |
|---|---|
| Duque | Isabela volverá<br>por él, que favor le da. |
| Isabela | ¿Yo, señor? Pues ¿a qué efeto? |
| Duque | ¿No os parece digno a vos<br>el cargo a que le provoco? |
| Isabela | Yo de consultas sé poco.<br>Una tuve con los dos<br>   y aunque entré en primer lugar,<br>tan mal despacho he tenido<br>que pretensiones olvido<br>sin querer desazonar<br>   las que te causan cuidado<br>y solicitas por él;<br>mas si hallas caudal en él<br>para ponerle en estado,<br>   no sé por qué dificultas<br>lo que menos me parece,<br>pues quien duquesa merece,<br>bien merecerá consultas. |
| Duque | ¿Luego ya sabes que quiero<br>casar al marqués? |
| Isabela | Quien ama<br>tiene cohechada a la fama<br>que se lo avisa primero. |
| Duque | ¿Y no haces más sentimiento? |
| Isabela | ¿Para qué? ¿No es necedad<br>ir contra tu voluntad? |

| | |
|---|---|
| Duque | Alabo tu sufrimiento, |
| | puesto que culpo su amor; |
| | que yo lo disimulaba, |
| | porque tus penas dudaba |
| Isabela | ¿Penas yo? ¡Que no, señor! |
| | Ya me lo ha dicho Leonora |
| | y, consolada por ella, |
| | sé que es más rica y más bella |
| | mi amada competidora. |
| | Cásale cuando quisieres; |
| | que estando tú satisfecho, |
| | yo renuncio mi derecho. |
| Duque | Amante animosa eres. |
| | La licencia que me has dado, |
| | acepto. Haz cuenta que ya |
| | casado el marqués está. |
| Isabela | Hágale Dios bien casado. |
| Duquesa | Señor, las consultas pido |
| | para Enrique. |

(A Isabela.)

| | |
|---|---|
| Duque | Poco amor |
| | te debe el marqués. |
| Duquesa | Señor, |
| | Enrique me ha parecido |
| | digno para tal empresa; |
| | ese cargo se le aplique. |

| | |
|---|---|
| Duque | Mucho rogáis por Enrique. |
| | Basta lo dado, duquesa. |
| | |
| Duquesa | Yo por conocer, señor, |
| | lo que ese oficio mejora... |
| | |
| Duque | No es título Enrique agora, |
| | y fuelo su antecesor. |
| | Desacredito ese cargo, |
| | si a un pobre hidalgo le doy. |
| | |
| Duquesa | Pues yo de su parte estoy. |
| | De honrar a Enrique me encargo. |
| | A Moncastel le daré |
| | con el título de conde, |
| | que es mío. Si corresponde |
| | con lo que le supliqué, |
| | vuestra alteza haga este bien |
| | a Enrique, pues ve es propicio. |
| | |
| Duque | Andad, dadle aquese oficio |
| | y hacedle duque también. |

(Vase el duque.)

| | |
|---|---|
| Isabela | Enojado va. |
| | |
| Duquesa | Hele instado |
| | demasiado. |
| | |
| Isabela | Es verdad. |
| | |
| Duquesa | Cualquiera importunidad |

causa al poderoso enfado;
pero, en fin, ya Enrique puede
competir con el marqués.
Mayordomo mayor es,
conde y secretario.

Isabela                          Excede
la pasión con que mis cosas
miras, al mayor deseo.

Duquesa          Gusto que logres tu empleo
en las prendas generosas
de Enrique y tengo de honrarle
cuanto pudiere, por ti.
Conde es ya.

Isabela                     Señora, sí.

Duquesa          Pues si lo es, empieza a amarle.

(Sale Enrique.)

Enrique (Aparte.)     (Mandóme venir a ver
a Isabela mi Leonora.
Amor, si el alma la adora,
¿cómo fingiréis querer
a quien aun mirar recela
la vista, porque mis ojos
no puedan causarla enojos?
Pero —iay cielos!— Isabela
y la duquesa son éstas.
Estando en su compañía,
engaños, por este día,
si con ficciones molestas

la pensastes persuadir
a que era su amante yo,
la duquesa os estorbó
el engañar y el mentir.
    ¡Plegue a Dios que siempre esté
Isabela acompañada!)


(Saluda Enrique las damas, quedándose distante de ellas. Salen Leonora y Ludovico. Hablan éstos aparte al salir.)

Ludovico           Libertad aprisionada
                   me dio el duque, pues quedé,
                       cuando más libre, más preso,
                   Leonora hermosa, por vos.


Leonora            Marqués, hazañas de un dios
                   tan liviano y tan travieso,
                       disculpan vuestra mudanza,
                   y estoyle yo agradecida.


(La duquesa e Isabela hablan aparte.)

Duquesa            Isabela, apercebida
                   Tiene el ciclo tu venganza.
                       Leonora con el marqués
                   hablando en secreto está.


Isabela            Sobre sus bodas será.


Duquesa            Presente a tu Enrique ves,
                       favorécele de modo
                   que a Ludovico castigues,
                   y a su opositor obligues;
                   que ocasión es para todo.

| | |
|---|---|
| Isabela | Uno y otro intento hacer |
| | tanto por quedar vengada |
| | del uno, como inclinada |
| (Aparte.) | al otro. (Hoy tengo de ver |
| | si es de Leonora querido |
| | Enrique, como sospecho, |
| | tan alabado y deshecho, |
| | tan sublime y abatido.) |

(Lléganse a Enrique la duquesa e Isabela.)

| | |
|---|---|
| Duquesa | Mayordomo el Duque os hace |
| | mayor, por la intercesión |
| | de Isabela, en ocasión |
| | que de vos se satisface. |
| | Besadle, Enrique, la mano. |

(Besándosela.)

| | |
|---|---|
| Enrique | Para que le sacrifique |
| | el alma. |

| | |
|---|---|
| Leonora (Aparte.) | (¡Ay cielos! ¿Enrique, |
| | sin mi licencia, liviano |
| | la mano a Isabela besa?) |

| | |
|---|---|
| Ludovico (Aparte.) | (¿La mano Isabela da |
| | a un hombre, sin ver que está |
| | mirándole la duquesa, |
| | sin reparar en mis celos? |
| | ¿Sin advertir en mi amor?) |

| | |
|---|---|
| Leonora (Aparte.) | (Sin mi permisión, traidor, |

¿la mano a mi hermana? ¡Ay cielos!)

Ludovico (Aparte.)   (Vengue mi agravio Leonora
por el mismo estilo y paso.)

Leonora (Aparte.)   (Haced, celos, pues me abraso,
a dos manos desde agora.
    Favoreceré al marqués
a costa de mi recato,
hasta que pierdas, ingrato,
el seso, y mueras después.)

Isabela              Deseo yo mucho, Enrique,
que vuestro acrecentamiento
iguale al entendimiento
que tenéis, y certifique
    quien a quereros empieza
que puede en sujetos tales
hacer que junten caudales
Fortuna y Naturaleza.
    La duquesa mi señora
os hace todo favor
con el duque mi señor.

(Hacen que hablan entre sí Leonora y el marqués Ludovico, y están atentos a
lo que hablan los otros.)

Duquesa              Por vos soy su intercesora.
    Quiero yo mucho a Isabela
y, porque vos la sirváis,
si pobre no os alentáis
al amor que la desvela,
    conde os llame Moncastel
que a mi Estado pertenece,

y mi favor os le ofrece.

| | |
|---|---|
| Enrique | Vuestro esclavo soy sin él. |
| (Aparte.) | (Cuantas más mercedes gano, |
| | más mudo y confuso estoy.) |

Duquesa      Por Isabela os le doy.
Besadle otra vez la mano.

(Besándosela.)

Enrique      Dos dichas ansí intereso,
con que envidien mi fortuna,
honrándome vos la una,
y la otra el cristal que beso.

Leonora (Aparte.)      (Esto va ya rematado.
¿Cómo, celos, no doy voces?)

Ludovico (Aparte.)      (Celos, verdugos atroces,
ila mano otra vez le ha dado!
¿Y yo presente y sufriendo?
¿Yo padeciendo y callando?)

Leonora (Aparte.)      (¿No es mejor morir matando,
que tener vida muriendo?
pues Enrique me ofendió,
vénguese mi agravio ansí.)

(Cae, y dale la mano al marqués Ludovico.)

¡Jesús!

Ludovico      ¿Qué es esto?

Leonora            Caí;
                   el chapín se me torció.

Ludovico           Si cayendo, levantáis
                   mi dicha a tal bien, señora,
                   caed mil veces cada hora.
                   Pues vos la mano me dais,
                     no yo a vos; que a no caer,
                   nunca yo me levantara
                   a la ventura más rara
                   que pudo amor merecer,
                     Pues llega el alma a imprimir
                   mis labios en esta cera.

(Bésale la mano.)

(Aparte.)          (Mas —iay, cielos!— si lo fuera,
                   no me obligara a morir
                     el tormento con que lucho,
                   a tanta sospecha, expuesto.
                   ¡Qué forzado que digo esto!)

Leonora (Aparte.)  (¡Que a mi pesar esto escucho!)

Ludovico           ¡Que mi boca mereció,
                   cielos, bien tan soberano!

(Isabela habla aparte con la duquesa.)

Isabela            ¿Besóla el marqués la mano?

Duquesa            Sí, Isabela, sí besó.

| | |
|---|---|
| Isabela | No es en Geldres, segun esto, |
| | donde Ludovico adora; |
| | aquí sí donde Leonora |
| | en él los ojos ha puesto. |
| | No en balde me aconsejaba |
| | que hiciese a Enrique favor. |
| | ¡Ay poco avisado amor! |
| | ¡Qué ignorante de esto estaba! |
| | Basta, que intenta mi hermano, |
| | casándolos a los dos, |
| | Alma, burlarse de vos, |
| | y que ya se dan la mano. |
| | |
| Duquesa | Todas son estratagemas, |
| | que amor soldado apercibe; |
| | pues das heridas, recibe, |
| | y abrasa, pues que te quemas. |
| | |
| Enrique (Aparte.) | (En mi agravio tropezó |
| | Leonora; pero será |
| | porque con celos, está |
| | de que dos, veces me vio |
| | besar la mano a Isabela. |
| | ¿Qué he de hacer? No pude más. |
| | ¡Ay mi bien! ¡Cuál estarás! |
| | Deshaga Amor esta tela.) |
| | |
| Ludovico | ...Besar esta mano tengo |
| (Aparte.) | tres veces. (Porque así vengo |
| | dos besamanos con tres.) |
| | |
| (Lo hace.) | |
| | |
| Isabela (Aparte.) | (No sabe quitar los labios |

de su mano. Loca quedo.
Celos, haced, que no puedo
disimular mis agravios.)
      Enrique, quitaos allá
que celos en competencia
atormentan mi paciencia.
Ludovico me los da
      necio es quien amar pretende
dama por otro celosa.

Leonora                  Marqués, pena ponzoñosa
os desatina y suspende.
      A Isabela habéis querido;
celos agora tenéis.
Por más que disimuléis,
yo sé bien que estáis perdido.
      Apartaos, dejadme aquí;
que no estáis hoy con sazón.

Ludovico                 Tenéis, señora, razón;
que ni estoy en vos ni en mí.
      Pensé con vos despicar
mis sentimientos y enojos;
mas con celos a los ojos,
¿qué paciencia ha de bastar?
      A formar agravios voy
de mi ingrata.

(A la duquesa.)

Enrique                         Gran señora,
dar cuenta quiero a Leonora
del favor que me hacéis hoy,
      pues es justo que publique

**80**

a todos tanta merced.

Duquesa            Andad, habladla, y creed
que os tengo de honrar, Enrique.

(Truecan de puesto los dos galanes.)

Ludovico            Ya no bastan sufrimientos
para tantos desengaños;
Ingrata, den a mis años
temprano fin tus tormentos.
    Paga mal a un bienquerer;
sé inconstante a mi firmeza,
pródiga de tu nobleza,
mudable, en fin, y mujer;
    pero no me hagas testigo
de tus livianos desvelos;
que darme a los ojos celos
es insufrible castigo.
    ¿Qué ocasión jamás te di
con que de mí quejas tengas?
¿Qué injurias son las que vengas
que me atormentas ansí?
    Dé a Enrique tu amor ingrato
favor que su dicha aliente
mas no estando yo presente,
y ofendiendo tu recato.
    Escalas de noche admite
que el Sol al duque revele;
Amor a tus rejas vele,
si en tal mujer se permite;
    mas no en mi presencia trates
ansi a quien ya reconoces,
si no quieres que dé voces,

y que diga disparates.

Isabela  ¿Qué dices? ¿Vienes sin seso?
¿Con Leonora no te casas?
¿Puedes negar que te abrasas
por ella? Dígalo un beso
  en su mano continuado
y en mi presencia atrevido.
Del mismo duque he sabido
la palabra que la has dado.
  ¿Qué me quieres?

Ludovico                    ¿Vos, señora,
consentís esto?

Duquesa              No sé
como admite vuestra fe,
viéndoos tan fácil, Leonora.
  Yo quiero bien a Isabela,
y sus partes solicito.

Ludovico  Pues siendo suyo el delito,
¿Me ofende vuestra cautela?
  Ha un mes que es de Enrique esposa,
y tercero en Belpaís
un jardín, ¿y desmentís
mi sospecha rigurosa?
  Todo Enrique me lo ha dicho.

Isabela  ¿Qué es esto, marqués? ¿Qué es esto?

Leonora  ¡Ah, Enrique! ¡Enrique! ¡Qué presto
de quién sois habéis desdicho!
  ¿Mudable a la primer prueba?

¿Al primer lance liviano?
¿Rendido a la primer mano?
¿Idolatrada por nueva?
  ¿Besada por inconstante?
¿Por más bella apetecida?
¿Vos fácil y yo ofendida?
¿Yo celosa y vos constante?

Enrique          Mi bien, ¿no fue traza vuestra,
                 por encubrir nuestro amor,
                 el pretenderla?

Leonora                        ¡Ah, traidor!
                 De tus engaños das muestra.
                   Que la pretendieses, sí;
                 pero no que en una mano
                 sellase el labio villano
                 tu amor las veces que vi.

Enrique          Si supieras la ocasión...

Leonora          ¿Tú, ocasión?

Enrique                        ¡Ay prenda bella!
                 Hízome el duque por ella
                 mayordomo.

Leonora                        ¿Y no es traición
                   el dejarte tú obligar
                 de quien sabes que me ofende?

Enrique          La duquesa que pretende
                 en mí su favor mostrar,
                   de Moncastel me hace conde

a intercesión de tu hermana.
La nobleza es cortesana,
y yo quien la corresponde.
    Por eso, y por ser su gusto,
segunda vez la besé
la mano.

Leonora                    Y que el tuyo fue.

Enrique          ¿Pues no te parece justo
                    ser agradecido?

Leonora:                        ¡Y cómo
                eres todo cortesía!
                Goce vuestra señoría
                titulado mayordomo,
                    el título y prenda bella
                que el duque le ha granjeado;
                que pues ya el dote le ha dado,
                presto casará con ella.

(Hácele una gran reverencia, y se va Leonora. La sigue Enrique.)

                    Leonora, mi bien, mi cielo,
                solo amarte estimo yo.

(Vase Enrique.)

Ludovico        ¿Cómo su cielo llamó
                Enrique a Leonora?

Isabela                        Fuélo,
                si como antes sospeché
                se han querido bien los dos.

| | |
|---|---|
| Ludovico | ¡Oh villano! Vive Dios,<br>que ántes que tu engaño dé<br>    materia a mi nuevo agravio,<br>la vida te he de quitar. |
| Duquesa | Si el saber es engañar,<br>con razón le llaman sabio. |
| Ludovico | ¡Finges que a Isabela quieres,<br>hácesme amar a Leonora,<br>y sales con eso agora!<br>¿Por cuál de estas dos mujeres<br>    le hacen guerra tus desvelos?<br>Declárense ya tus dudas;<br>que al paso que damas mudas,<br>se van mudando mis celos. |

(Vase Ludovico.)

| | |
|---|---|
| Duquesa | Sin despedirse se fue<br>el marqués. |
| Isabela | Quiere a mi hermana.<br>No fue mi sospecha vana.<br>Que amaba en Geldres pensé;<br>    pero acercáronse más<br>mis celos. |
| Duquesa | Si a Enrique adora<br>también tu hermana Leonora,<br>fértil cosecha tendrás<br>    de celos. |

| | |
|---|---|
| Isabela | Danme pesares |
| | los de Enrique y del marqués; |
| | que porque muera cual ves, |
| | los celos padezco a pares. |

Duquesa        ¿Cuáles sientes más?

Isabela                                        Ignoro
a quien deba más tormento:
los del marqués lloro y siento,
los de Enrique siento y lloro.
   Solo sé que el ciego Dios
da, señora, a mi fortuna
las dichas de una en una,
y las penas de dos en dos.

Fin de la segunda jornada

## Jornada tercera

(Sale el duque.)

Duque              Honor, si dais licencia a que fabrique
sospechas el temor que os desvanece,
a Enrique la duquesa favorece
¿osaréis afirmar que quiere a Enrique?
   Por ella es mayordomo; multiplique
nobles cargos en él, pues los merece;
las consulta le alcanza. Bien parece
que a un sabio mis despachos comunique.
   Hízole conde; ya, sospechas, pasa
de lo justo el favor que manifiesta
quien con tanta eficacia a honrarle acude.
   Yo, honor, no afirmo que por él se abrasa;
mas para deslucir su fama honesta,
basta dar osasión a que se dude.

(Sale Leonora.)

Leonora        Dícenme que vuestra alteza
me llama.

Duque                    Hoy te has de casar.
El marqués, que a tu belleza
adora, no da lugar
a tu espaciosa tibieza.

Leonora        ¿Con tanta aceleración
sin estar apercebida?

Duque            Amor todo es prevención.

| | |
|---|---|
| Leonora | Ansí alargue Dios tu vida<br>y te dé real sucesión,<br>que el plazo dilates más. |
| Duque | Causa a sospechar me das<br>mil desatinos, Leonora.<br>Si el marqués tu luto adora,<br>si por él tan ciega estás<br>que los papeles le escribes<br>que tu liviandad señalan,<br>si en Belpaís le recibes,<br>si a atrevimientos que escalan<br>honras, rejas le apercibes,<br>¿por qué con vanas excusas<br>lo que apeteces rehusas? |
| Leonora | Temo causar a Isabela,<br>que ya estas cosas recela,<br>la muerte. |
| Duque | De engaños usas<br>más que de piedad con ella.<br>Ya no tienes que temer<br>ni casarte, ni ofendella.<br>Del marqués te quiere hacer<br>gracia. Aprovéchate de ella.<br>Todo tu amor ha sabido,<br>y más que tú recatada,<br>pone su amor en olvido. |
| Leonora (Aparte.) | (Sospecha, ya averguada,<br>si mi hermana ha aborrecido<br>a Ludovico, ¿quién duda<br>que en Enrique su amor muda?) |

| | |
|---|---|
| Duque | Determínate, Leonora;<br>que has de estar dentro de un hora<br>casada, si fuiste viuda. |
| Leonora | Señor, en caso tan grave<br>darme más plazo es razón. |
| Duque | ¿Quieres que tu vida acabe? |
| Leonora | Importa la dilación. |
| Duque | ¿Di por qué? |
| Leonora | Enrique lo sabe.<br>Comunícalo con él;<br>que es discreto, sabio y fiel<br>y si no te disuadiere<br>de tu intento, y persuadiere<br>a que en eso eres cruel,<br>yo me casare al momento. |
| Duque | Si en eso está tu cuidado,<br>aunque ignoro el fundamento,<br>Enrique me ha aconsejado<br>que abrevie tu casamiento. |
| Leonora | ¿Quién, señor? |
| Duque | Enrique. |
| Leonora | ¿Cómo?<br>¿Quién dices? |

| | |
|---|---|
| Duque | Enrique el fiel, |
| | cuyos pareceres tomo; |
| | e conde de Moncastel, |
| | secretario y mayordomo. |
| | |
| Leonora | ¿Ése es posible que diga, |
| | contra la fe que le obliga |
| | a cosas que le he fiado, |
| | que me cases? ¿Él te ha dado |
| | tal consejo? |
| | |
| Duque | No prosiga |
| | tu torpe lengua adelante; |
| | que ya de Isabela sé |
| | que ese vil hombre es tu amante |
| | y tu engaño averigüé |
| | con industria semejante. |
| | Isabela, que mejor |
| | que tú guarda los respetos |
| | de su calidad y honor, |
| | penetrando los secretos |
| | de tu descompuesto amor, |
| | tus desvelos ha advertido, |
| | y remedio me ha pedido |
| | del honor que tiranizas, |
| | con que agravias las cenizas |
| | de tu difunto marido. |
| | Que estás perdida me dijo |
| | por ese Enrique villano, |
| | de un pobre soldado hijo; |
| | y no afirmándolo en vano, |
| | dos cosas de aquí colijo |
| | o que éste fue el que admitiste |
| | a que celase tu fama |

y el vil papel escribiste,
por quien la amorosa llama
de Ludovico fingiste;
   o que si el marqués ha sido
hasta aquí de ti querido,
con afrentosas mudanzas
a Enrique das esperanzas,
y a esotro desdén y olvido.
   Mas como quiera que sea,
yo haré que en ese traidor
severos castigos vea
Alemania, del rigor
que en mi justicia se emplea.
   El tálamo que esperaba
cuando tu amor escalaba,
hoy un cadalso ha de ser,
donde Cleves pueda ver
la deslealtad cómo acaba.

(Hace que se va el duque.)

Leonora          Señor, señor, oye, espera.
(Aparte.)         (¡Ay, Enrique desdichado!)
                 Que te engaña considera
                 quien celosa te ha informado
                 contra mí de esa manera.
                    Cuando a ese hombre des la muerte,
                 yo sé que la llorará
                 más que yo la que te advierte
                 que mi amor causa te da
                 a tratarme de esa suerte.
                    Si yo te hubiera mentido,
                 o el marqués no hubiera sido
                 el blanco de mi cuidado,

¿confesárase él culpado,
preso por ti y ofendido?
    ¿Niega ser la escala suya
de tanto daño ocasión?
¿No viste la espada tuya
en su cinta? ¿Qué razón
hay que en contra de esto arguya?
    Quien te pidió para él
tantas cosas en un día,
tanta consulta y papel,
la mayor mayordomía,
la villa de Moncastel,
    cuando contra mí publique
falsedades que fabrique
de sus celos la eficacia,
¿está confirmada en gracia
que no puede amar a Enrique?

Duque (Aparte.)    (¡Ay cielos! Cierra la boca
contra mi honor, atrevida.)
    Que a no mirar que estás loca...

Leonora    A lo menos ofendida
de quien a esto me provoca;
    pero ya determinada
de dar la mano al marqués,
hazle llamar, pues te agrada
y advierte que de Enrique es
en palacio...

Duque    ¿Qué?

Leonora:    No es nada.

(Vase Leonora.)

Duque          Alto. Mi imaginación
salió, cielos, verdadera.
No son mis celos quimera.
Certidumbres sí que son.
Buena anda ya mi opinión,
pues Leonora me declara
lo que a no saber, no osara.
Honra, ya os lloro por muerta;
que si la injuria no es cierta,
no se da con ella en cara.
    Quien me pidió para él
tantas casas en un día,
la mayor mayordomía,
la villa de Moncastel,
tanta consulta y papel...
¡Qué bien arguyó Leonora!
La duquesa a Enrique adora,
y el mayordomo traidor,
por ser en todo mayor,
mayor mi injuria hace agora.
    Mas ¿si la sospecha ciega
mi hermana engañó también?
Eso no; que los que ven
más alcanzan que el que juega.
Lo afirma el temor, niega
la fe que es bien que dedique
a mi esposa, aunque fabrique
culpas; pero en tal desgracia,
no está confirmada en gracia,
que bien puede amar a Enrique. b
    Gobernadme vos, prudencia.
No deis lugar a la ira

que cuando con pasión mira,
hace al engaño evidencia.
Nunca el cuerdo juez sentencia
por indicios los castigos,
Aún de los más enemigos;
y si mis celos la acusan,
sus virtudes la recusan,
pues no valen por testigos.

(Sale Ludovico, hablando para sí al salir.)

Ludovico            Todo soy confusiones,
celos, penas, congojas y pasiones.
Leonora me desvela;
desdenes me atormentan de Isabela.
Si entre las dos navego,
por Scila y por Caribdis, de amor ciego,
dará al traste conmigo
niño piloto, cuyo rumbo sigo.

Duque            Ludovico, ¿qué es eso?

Ludovico            Cárceles, gran señor, que libre preso
padezco, y cuando ordeno
desenlazarlas más, más me encadeno.

Duque            Culparéisme de ingrato
porque palabras dadas os dilato
y no os doy a Leonora;
pero casándoos hoy, si plazos llora
Amor que todo es prisa,
convertiréis, marqués, llantos en risa.
Hoy quiero desposaros;
hoy mi hermana su dueño ha de llamaros.

| | |
|---|---|
| Ludovico | ¿Quién, gran señor? |
| Duque | Leonora,<br>por quien mudanzas vuestras siente y llora<br>Isabela olvidada. |
| Ludovico | Ya Leonora, señor, tiene ocupada<br>la voluntad, que apenas<br>el alma rescato, cuando en ajenas<br>prisiones la cautiva.<br>¡No quiera Dios que por mi causa viva<br>sin gusto su belleza,<br>siendo tirano de ella vuestra alteza! |
| Duque | ¿Qué decís? |
| Ludovico | Que resuelto<br>a no ofenderla, la palabra os suelto,<br>pues si a otro el alma ha dado,<br>y con ella me casa mi cuidado,<br>¿de qué sirve que en calma<br>su cuerpo goce yo, y Enrique el alma? |
| Duque | ¡Enrique! ¿Cómo es eso? |
| Ludovico | Empresa es de Leonora, y él su preso. |
| Duque | ¿Quién dijo tal mentira? |
| Ludovico | El alma que Argos toda a Enrique mira,<br>y para darme enojos,<br>Enrique es todo lenguas, si ella es ojos.<br>Yo oí, señor, llamalla |

du bien, su cielo...

Duque           Calla, marqués, calla;
que no es bien que desdores
de esa suerte a mi hermana. Tus amores,
por ser cual tú mudables,
te obligaran a que en su ofensa hables
tan libre y sin consejo,
cuando es mi hermana de Alemania espejo.
Habráste reducido
al amor de Isabela, agradecido
a lo que su firmeza
merece, que es igual a su belleza.
Bien, marqués, me parece.
Si tú la quieres bien, ella padece.
No intento violentaros.
Al punto habéis los dos de desposaros.
Perdonará Leonora;
que es más antigua, en fin, su opositora.

Ludovico       ¿Yo, señor, e Isabela
desposarnos?

Duque                Si la amas, ¿qué recela
tu confusión dudosa?
¿No merece mi hermana ser tu esposa?

Ludovico       Yo, gran señor, he sido
quien llora por no haberla merecido.
Ya ella te ha excusado
con cuerda prevención de ese cuidado.
Casada es ya Isabela.

Duque         ¿Qué dices? ¿Estás loco?

| Ludovico | Amor que vuela, |
|---|---|
| | ligeramente alcanza |
| | la posesión, que sigue a la esperanza. |
| | Belpaís sea testigo, |
| | pues su tercero fue, de esto que digo. |

| Duque | ¿Isabela casada, |
|---|---|
| | y yo ignorante de eso? |

| Ludovico | Retirada, |
|---|---|
| | en Belpaís, sus flores |
| | ocasionaron tiernas sus amores. |

| Duque | No es posible que crea, |
|---|---|
| | sino que tu mudanza que desea |
| | variar cada instante |
| | objetos amorosos, la levante |
| | mentiras que no creo. |
| | Servístela primero, y el deseo |
| | que cuantas ve apetece, |
| | por Leonora después se desvanece. |
| | Despertaste en su luto |
| | difuntos pensamientos que sin fruto |
| | permitieron escalas, |
| | con que tu culpa a tu mudanza igualas. |
| | Cogióte mi cuidado |
| | asaltando su honor, y habiendo estado |
| | tan justamente preso, |
| | me confesaste tu liviano exceso. |
| | Yo entonces deseoso |
| | de soldar este daño, hacerte esposo |
| | prometí de Leonora, |
| | y afírmasme que quiere a Enrique agora. |

Creí que reducido
al amor de Isabela, habías fingido
contra ella aquese engaño;
doyte a Isabela, y para mayor daño
de su fama injuriada,
me dices que con otro está casada.
¿Qué es esto, Ludovico?
Mil cosas en tu daño verifico.
Mientras no me dijeres
el autor de este insulto, creeré que eres
tú solo el que desdora
la fama de Isabela y de Leonora
y vuelta en aspereza
sin piedad, no aseguro tu cabeza
mientras no me revela
quién es quien me agravió con Isabela.
¡El cielo eterno vive,
que el agravio y deshonra que recibe
Leonora despreciada
por ti, después de fe y palabra dada
de casarte con ella,
y la que en Isabela se querella
del agravio que le haces,
si dándole el amor no satisfaces
a lo que no es creíble,
en Cleves has de ser ejemplo horrible
de ingratos y de aleves,
que escarmiente con tu muerte Cleves!

Ludovico      Señor, ya es el secreto
dañoso en mí. Perdone su respeto
y advierte que el que puso
en tu palacio escalas, y dispuso
profanar atrevido

el real honor que tanto has ofendido,
no he sido yo.

Duque                          ¡Otro engaño!

Ludovico          Isabela fue causa de ese daño.
Ella al amor rendida
de un hombre desigual en sangre y vida
a su augusta nobleza,
escalas permitió que tu grandeza
abatiesen, no en vano,
pues de esposa le dio palabra y mano.
Éste llevó tu espada
la noche para mí tan desdichada,
víspera de aquel día
en que cayendo yo, quebré la mía.
Pedísela, ignorante
que sucediese caso semejante;
pues si yo te ofendiera,
claro está que con ella no viniera
a provocar tu furia,
y hacerme delincuente de tu injuria.
Prendísteme por ella,
formando mi prisión de ti querella.
Contóme temeroso
todo este caso el encubierto esposo
de Isabela, engendrando
celos mi amor en que me esté abrasando.
Conjuróme, en efeto,
a que guardase contra mí el secreto
de tan ciego accidente,
haciéndome, cual viste, delincuente
del insulto que digo.
Soy bien nacido, en fin, y él es mi amigo

y, así contra mis celos,
a costa de pesares y desvelos,
culpado me confieso,
y a Leonora atribuyo este suceso,
porque mudando en ella
el amor de su hermana ingrata y bella,
mejor te dispusiese
a que de esposa mano y fe me diese;
mas viendo que ama a Enrique,
puesto que es bien que celos multiplique,
no querrá Dios que tuerza
su gusto, y que casándose por fuerza
sus lágrimas permita.
Leonora a Enrique en su favor admita
porque yo desde agora
a Isabela renuncio y a Leonora.

Duque          ¡Qué de engaños que os ha hecho
el amigo que ocultáis!
Mal de Isabela pensáis;
mal de Leonora sospecho;
    No debéis callar quién es
el que os ha sido traidor.

Ludovico          Di mi palabra, señor,
de no decirlo.

Duque                    Marqués,
    no ocasionéis más mi enojo.
Decidme cómo se llama
el violador de mi fama.

Ludovico          Por mejor la muerte escojo
que ir contra el juramento

y palabra que le di.
Basta lo que he dicho aquí.

Duque                Pues si en ese fundamento
                      corre riesgo la opinión
                      que sospechoso os desvela,
                      porque no deis a Isabela
                      culpas que suyas no son,
                      y podéis saber cuán fiel
                      amigo el tiempo os señala,
                      ved por quién puso la escala,
                      en ese roto papel.

(Dale el duque los pedazos de papel que recogió en el primer acto, y vase.)

Ludovico            ¿Qué es esto, cielo? En pedazos
                      letras de Leonora veo.
                      ¡Oh amor, confuso Teseo!
                      ¿Cuándo saldré de estos lazos?
(Lee.)                 «Duque a caza», en éste dice.
                      Nada colijo de aquí.
(Lee.)                 «Noche la escala», ¡Ay de mí!
                      ¡Qué presto me satisfice
                      de engaños que Enrique pinta!
                      Por Leonora fue la escala,
                      que, en este papel señala.
(Lee.)                 «La respuesta en esta cinta...»
                      Ya me dijo que tercera
                      fue una cinta de su amor.
                      Basta, que Enrique es traidor.
                      ¿Hay más confusa quimera?
                      ¡Válgame el cielo! ¿A qué efeto,
                      si Leonora fue su dama,
                      ofendió Enrique la fama

de Isabela? A ser discreto,
como tiene la opinión,
¿más acertado no fuera,
que la verdad me dijera,
sin que la reputación
de Isabela peligrara,
ni dar materia a mis celos?
Sospechas, viven los cielos,
que he visto la traición clara
con que Enrique al duque ofende,
a Leonora, a Dios y a mí.
Al duque, pues ama ansí
a su hermana y la pretende;
a Leonora, pues la olvida
por Isabela, después
que su esposa dice que es;
y a mí la fama ofendida
de Isabela, pues me jura,
que, mi amor menospreciado,
mano de esposo le ha dado.
¿Gozaría la hermosura
de Leonora, y viendo luego
a Isabela, mudaría
en ella su amor? Sí haría;
que por eso pintan ciego
a este Dios, pues no repara
en leyes ni inconvenientes.
Por atajar los presentes
de mi amor, es cosa clara
que me persuadió a querer
a Leonora —¡arbitrio extraño!—
para que con este engaño
no le pudiese ofender
mi amorosa competencia,

quedando su pretensión
libre y sin oposición.
No hay duda; esto es evidencia.
¿Pero —¡cielo!— a dos hermanas
osa pretender un hombre
sin que el peligro le asombre?
¿Sin temer leyes cristianas?
   Aunque para tanto agravio
salida hallará su ciencia;
que la más ancha conciencia,
dice el vulgo, es la del sabio.
   Él viene aquí. Honrosa muerte
es dársela por mi mano.
La de un verdugo villano
el duque darle concierte;
   que declarándole ya
toda la verdad que ignora
a Dios, a mí y a Leonora
juntamente vengará.

(Sale Enrique hablando aparte al salir.)

Enrique (Aparte.)      (Por haber Leonora dado
en que a Isabela pretenda,
me ha de perder, sin que entienda
su ciega razón de Estado.
   ¿Cuándo en, tu jurisdicción,
Amor, que en vano resisto,
razón de Estado se ha visto,
si nunca amas por razón?
   Pero el marqués está aquí.)

Ludovico      A estar vos menos culpado,
y yo no tan injuriado,

satisficiera por mí
   la venganza merecida
de tanto engaño y enredo;
pero como no lo quedo
con privaros de la vida,
   remito a otro ejecutor,
digno de vuestras traiciones,
las justas satisfacciones
que suelen dar a un traidor.

Enrique      Ludovico, ¿habláis conmigo?

Ludovico      ¿Pues con quién tengo de hablar
de esta suerte?

Enrique                    Doy lugar,
por haber sido mi amigo,
   a vuestro enojo y mi agravio.

Ludovico      ¿Con cuántas almas vivís,
que en tantas las repartís?
¿Vos sois noble? ¿Vos sois sabio?
   ¿Pueden dar dispensación
las letras de que os preciáis,
para que a un tiempo queráis
dos hermanas? ¿Hay razón
   para injuriar a Leonora,
y amar después a Isabela?
Poned en África escuela,
pues tenéis el alma moro
   si es que sus leyes tiranas
vuestro desatino admiten,
y en su Alcorán os permiten
casaros con dos hermanas.

Enrique            ¿Qué decís, marqués? ¿Qué es eso?
                   De mi templanza aprended
                   a enfrenar enojos.

Ludovico                              Ved
                   de vuestro insulto el proceso
                   en este papel agora.

(Dale los pedazos de papel.)

                   ¿Conocéisle?

Enrique                           En sus renglones
                   de Isabela leo razones,
                   y la letra es de Leonora.

Ludovico           ¡Qué decís! Pues ¿a qué efeto
                   Isabela necesita
                   de ajena pluma, e incita
                   a que peligre el secreto
                   con que me afirmáis que os quiso?

Enrique            ¿Pues agora ignoráis vos
                   que no hay secreto en las dos
                   de que no se den aviso?
                   ¿Cómo lograrse pudiera
                   tan dificultoso amor,
                   si de Leonora el favor
                   de mi parte no estuviera?
                   Ella en la amorosa quinta
                   fue nuestra tercera fiel.

Ludovico           Pues ¿de qué sirvió el papel

cada noche de una cinta
con tanta industria colgado,
si fue su hermana Leonora,
de vuestro amor sabidora?

Enrique          Por no fiar de un criado
negocios de tanto peso;
pues mal Leonora podía
dármelos, cuando vivía
en su mismo cuarto.

Ludovico                    En eso
decís bien; pero ¿por qué
es la letra de Leonora,
pues Isabela no ignora
el escribir?

Enrique                Eso fue
un día que estuvo mala;
que quien el alma le fía,
también fiarle podía
un papel.

Ludovico             En fin, ¿la escala
fue para Isabela?

Enrique                  Pues
¿podéis vos dudar en eso,
si os lo dije estando preso?
Dadme crédito, marqués.

Ludovico        Hiciéralo, a no pensar
que me engañáis. Sabéis mucho;
convencéisme, si os escucho.

Mis celos me hacen dudar
de que olvidando a Isabela,
queréis ya bien a Leonora.

Enrique
Ella saldrá por fiadora
de que no hay en mi cautela;
preguntadla si escribió
ella misma ese papel,
y si las palabras de él
Isabela las notó,
    y perderéis el recelo
que tenéis, marqués, de mí.

Ludovico
    Si yo llamarla te oí:
«Leonora, mi bien, mi cielo.»
    Cuando de ti se apartó,
¿no he de juzgar que la adoras?

Enrique
Como la ocasión ignoras
que tu mudanza la dio,
    tuerces, marqués, el sentido.
Publicaste por su amante,
y cuando me ves delante,
honrado y favorecido
    de Isabela, a hablar con ella
vas, y dejando a Leonora,
causas celos que hasta agora
agravian tu vida bella.
    Viendo el desprecio, a sus ojos,
juró vengarse de mí
que ocasión de amarte fui,
y agora de sus enojos.
    Amenazóme por esto
que al duque había de decir

nuestro amor, y descubrir
cuanto la hizo manifiesto
    nuestra necia confianza;
y ansí, lleno de recelo,
la llamé «mi bien, mi cielo»,
por aplacar su venganza.
    Mira cuán diverso fue
de la verdad tu sentido!


Ludovico            Alto, yo estoy convencido.
                    A ver a Leonora iré,
                        y si verdaderas son
                    las disculpas que me has dado,
                    y mi amor le da cuidado,
                    yo le pediré perdón,
                        cumpliendo del duque el gusto
                    que hoy me quiere desposar
                    con ella.


(Vase Ludovico.)

Enrique                    ¿En qué ha de parar
                    tanto enredo, Amor injusto?
                        Sacadme ya de cuidado.
                    ¡Mal haya el amante, amén,
                    que a quien jamás quiso bien,
                    ama por razón de Estado!


(Sale Leonora.)

Leonora             Gran peligro, Enrique, corre
                    tu vida, si no te ausentas;
                        y en ausentándote tú,
                    me puedes llorar por muerta.

El duque lo sabe todo;
vendido nos ha Isabela;
mis desdichas y su aviso
aumentaron sus sospechas.
Vete, Enrique de mis ojos,
que peligra tu cabeza.
Mas ¡ay, de Leonora triste,
si te partes y la dejas!
Estas razones de Estado,
que en el del amor violentas,
engañan tanto estadista,
nuestro amor vuelven tragedia.
Por asegurar al duque,
te dije, que no debiera,
que amar fingieses mi hermana;
hechizóle tu presencia.
Si de burlas la serviste,
encendiéronse de veras
rayos de su voluntad,
y abrásanla sus centellas.
Celos, mi Enrique, la obligan,
creyendo que la desprecias,
a mujeriles venganzas.
¿Quién podrá librarte de ellas?
¡Mal haya la dama, amén
que ocasiona con su prenda
voluntades tornadizas,
a toda ocasión dispuestas!
Vete, esposo; amores, vete
antes que el duque te prenda.
No te despidas, excusa
palabras en llanto envueltas;
que si por verte partir
mudo, mi bien, me atormentas,

¿qué han de hacer ponderaciones
animadas con ternezas?
¿Qué aguardas?

Enrique       ¡Ay prenda cara!
¡Y qué caro que me cuesta
amar por razón de Estado!
No dilates con mi ausencia
mi tormento; aquí es mejor
muriendo, mi bien, que tengan
fin mis males con mi vida.

Leonora       No, amores, vive tú y deja
a tu esposa prolongados
siglos de llantos y penas;
doblarán ausencias tuyas
con mi luto mis tristezas.
Pero llévame contigo...
mas no, que el honor recela
licenciosas invectivas
del vulgo, monstruo de lenguas.
Vete, adiós, no aguardes más.
Moriréme si te quedas.
No me abraces ni repliques.
Vete antes que el duque venga.

Enrique       Si tú, amores, de eso gustas,
adiós.

Leonora             Adios. Oye, espera.
¿Tan secamente te partes?
¿No me abrazarás siquiera?
¡Sin decirme una palabra,
sin una mano, una muestra,

un suspiro, un ay, un voyme,
con que piense que te pesa!
¡Ah, ingrato!

Enrique                     Pues, dueña mía,
si me enmudeces la lengua,
si, sin despedir, me mandas
partir, ¿de qué formas quejas?
¡Plegue a Dios, aunque te enojes,
si, aunque más peligros tema
del poder, que estando airado
no halla a furias resistencia,
de este puesto me ausentare,
donde inmóvil como piedra,
a desdichas dé venganzas,
antes de morir te vea
en los brazos del marqués!

Leonora      Tengo el alma, mi bien, llena
de ciegas contradicciones;
no te espantes que esté ciega.
Pero ya que no te partes,
porque tu vida entretenga
plazos que la muerte acorta,
engañemos a Isabela.
Finge, pues te adora, amarla,
satisface a sus sospechas,
dila mil males de mí,
escríbela mil ternezas.
Anda, nótala un papel;
que yo quiero ser tercera
esta vez contra mí misma.
Yo te traeré la respuesta.
Yo la diré, Enrique mío,

qe como por bien lo tenga,
seré del marqués esposa,
porque tú suyo lo seas.
Podrá ser que de esta suerte
reducir al duque vuelva,
diciendo que se engañó.
¡Buena traza, Enrique, es ésta!
Anda, y trae el papel luego.

Enrique      Mi bien, ¿por qué me encomiendas
cosas de que ha de pesarte,
si me has de reñir por ellas?

Leonora      No hayas miedo, date prisa.
Yo gusto de ello. ¿Qué esperas?
De mí le escribe mil males.

Enrique      Mira bien, esposa bella,
lo que me mandas.

Leonora                          Acaba.

Enrique      Yo voy, pero ¿si te pesa,
y lo que dije de burlas,
me lo atribuyes a veras?

Leonora      No tengas temor.

Enrique                          Voy, pues.

Leonora      Oye. ¿Es posible que llevas
ánimo de decir mal de mí?

Enrique      ¿No me lo aconsejas?

| | |
|---|---|
| Leonora | Pues ¿sabráslo tú decir? |
| Enrique | No sé. Extraña estás. |
| Leonora | Ve, y deja<br>para necios mis temores;<br>que toda celosa es necia.<br>Mira que te espero aquí. |
| Enrique | Luego vuelvo. |
| Leonora | Oye. No seas<br>criminal contra tu esposa;<br>cuando digas faltas de ella,<br>blanda la mano, mi Enrique. |
| Enrique | Ya no quiero escribir letra. |
| Leonora | Sí, sí, escribe, que es forzoso;<br>pero, Enrique, no quisiera<br>que te saborearas tanto<br>escribiéndola finezas,<br>que las que al papel hurtares,<br>guardes a la cabecera. |
| Enrique | ¡Oh, qué extraña que estás hoy! |
| Leonora | Son dulces palabras tiernas,<br>y a quien anda entre lo dulce,<br>mi bien, algo se le pega. |
| Enrique | Pues dejémoslo. |

Leonora                    Eso no.
Ya te digo que estoy necia
ve, no me digas palabra;
que te diré mil simplezas.

(Vase Enrique. Sale Isabela.)

Isabela                    Poco la sangre te obliga
para que seas humana
conmigo; llámasme hermana,
y hácesme obras de enemiga.
    Túvome el marqués amor,
y usurpásteme al marqués;
persuadísteme después
que a Enrique hiciese favor
    porque ansí le diese celos,
y tus consejos seguí;
Celos al marqués le di,
a Enrique di el alma. ¡Ay cielos!
    ¡Qué mal hice! ¡Y qué mal haces,
pues mi muerte solicitas!
Al uno y otro me quitas,
y a ninguno satisfaces.
    Leonora, acabemos pues,
y sepamos a quien amas
si Enrique aumenta tus llamas,
déjame libre al marqués;
    si el marqués te está mejor,
desocúpame a mi Enrique.

Leonora                    ¡Tuyo! ¿Cómo?

Isabela                          No fabrique
nuevos enojos tu amor.

El duque intenta casarte
con Ludovico, Leonora.
Celosa de que te adora,
quise desacreditarte
    diciéndole que admitías
de Enrique nuevos deseos,
y con iguales empleos
a su amor satisfacías.
    Indignado el duque está
contra Enrique y contra ti,
y como no sea por mí,
su vida peligrará.
    Haz por mí y por él, Leonora,
una cosa solamente.
Ser mi esposo le consiente;
da al marqués la mano agora;
    que siendo Enrique mi esposo,
y haciéndole desterrar,
daré al enojo lugar
del duque que está furioso;
    y estando ausente, podremos
hacer este estorbo llano,
y apaciguando a mi hermano,
a Cleves le volveremos.
    Nada arriesgas, si al marqués
quieres tanto como dices;
que sus bodas solenices
y apoyes la mía después.
    Mira, hermana de mi vida,
que estoy por Enrique loca.

Leonora              Pues no te cabe en la boca,
bien muestras que estás perdida.
    Por mí, hermana, más que luego

os caseis. ¿Mas sabes tú
que querrá Enrique?

Isabela                                    ¡Jesú!
Téngole de amores ciego.
    Júrame tú de callar
a mi hermano lo que pasa,
verás cuán presto se casa
conmigo.

Leonora                          ¿Y él da lugar
a eso?

Isabela                          ¿Pues no te digo
que a no recelar de ti,
ya me hubiera dado el sí?
La duquesa sea testigo,
    que por la merced que me hace,
nuestros amores alienta.
(Aparte.)                 (Amor, haced, aunque mienta,
pues Enrique os satisface,
    que me le deje Leonora.)

Leonora           En fin, ¿Enrique te quiere?

Isabela           Ya te digo que se muere,
si no me ve de hora en hora.
    ¿Qué papeles no me ha escrito?
¿Qué noches no me ha rondado?
¿Qué versos no me ha enviado?
Quiéreme, hermana, infinito;
    solo dice que te debe
más antigua obligación,
y que por esta razón

está dudoso.

Leonora (Aparte.)                    (¡Oh aleve!)

Isabela                    Leonora, haz lo que te digo.

Leonora                    Ese Enrique es todo engaño,
                           hermana; más ha de un año
                           que está casado conmigo.

(Vase Leonora.)

Isabela                    ¿Un año? ¡Buen desatino!
                           pero —¡ay cielos!— que sí hará,
                           pues de Belpaís está
                           su quinta y monte vecino,
                               donde el cruel se retiró.
                           Mudemos, alma, deseos;
                           dejemos locos empleos.
                           Leonora se declaró.
                               Si su esposo ha un año que es
                           Enrique, de su mudanza
                           ya el marqués me da venganza.
                           Perdonad, alma, al marqués.
                               Volvedle otra vez a amar;
                           que si, en fe de que esto ignora,
                           hasta aquí sirvió a Leonora,
                           viendo ocupado el lugar
                               que creyó adquirir en vano,
                           por fuerza me ha de querer.
                           ¡Ay Leonora! ¡Al fin, mujer!
                           ¡Ay Enrique! ¡Al fin, villano!

(Sale Ludovico.)

| | |
|---|---|
| Ludovico | Ya que el cielo determina |
| | mi vida, Isabela hermosa, |
| | y no podéis ser mi esposa, |
| | sed siquiera mi madrina. |
| | El duque con vuestra hermana |
| | me casa; ella lo ha pedido. |
| | Lo que con vos ha perdido, |
| | con Leonora mi amor gana. |
| | Ni me desposa una quinta, |
| | donde su flor os regala, |
| | ni mi amor rejas escala, |
| | ni es mi tercera una cinta, |
| | de papeles estafeta |
| | que el ingenio y el temor |
| | cuelgan, pagando el honor |
| | los portes. Vos sois discreta, |
| | discreto esposo escogistes, |
| | puesto que no vuestro igual. |
| | Amor de sí es liberal; |
| | por eso el alma le distes. |
| | Pues mi suerte se mejora, |
| | la vuestra se multiplique, |
| | siendo vos dueño de Enrique, |
| | y yo esposo de Leonora. |
| | |
| Isabela | Marqués, ¿qué escalas son éstas |
| | que dos veces os he oído? |
| | ¿Qué quinta tercera ha sido |
| | de aficiones descompuestas? |
| | ¿Estáis en vos? ¿Qué decís? |
| | |
| Ludovico | Estoy yo muy obligado |
| | a Enrique, que me ha fiado |

secretos de Belpaís;
de quien hace él confianza,
bien la podéis vos hacer.
Ya sé que sois su mujer;
que esto en fortuna se alcanza.
    Razones de carta rota
he visto ya, donde en suma
Leonora aplicó la pluma
y vos pusistes la nota.
    Si ya Enrique me contó
el modo con que os hablaba
cuando en Belpaís entraba:
la escala que malogró,
    el duque, y todo el suceso,
hasta darle vos la mano
de esposa, si cortesano,
por librarle estuve preso.
    ¿Qué intentáis con encubrir
lo que sabe el duque ya?
A vuestra hermana me da;
baste, Isabela, el fingir;
    que yo ni puedo ni quiero
desazonar vuestro amor,
sino ser más servidor
vuestro desde hoy, que primero.

Isabela                 Marqués, marqués, sí estáis loco.
Echad la culpa al juicio
y no deis villano indicio
de que me estimáis en poco;
    que si, como no lo creo,
Enrique alevoso y vil,
tan traidor como sutil,
agravia ni aun el deseo

que jamás contra mi honor
dio torpe licencia al gusto,
duque hay en Cleves que justo
dé castigo a ese traidor;
    y si por Leonora bella
a Enrique hacéis ese engaño,
andad, que más ha de un año
que está casado con ella.

(Vase Isabela.)

Ludovico          ¿Con Leonora? ¡Otra maraña!
Pero ¿por qué dudo de esto,
si es testigo manifiesto
su papel de que me engaña?
    ¡Notable embelecador,
en enredos graduado!
Cuantas ciencias ha estudiado
emplea contra mi amor.
    Ya no hay callar, ¡vive el cielo!
Yo he de decirle quién es
al duque, porque después
muera con él mi recelo.
    ¡Casado de en hora en hora!
¿Hay más confusa cautela?
¡Ya marido de Isabela,
y ya esposo de Leonora!
    No osaré ya querer bien
a otra dama, aunque sea bella;
que temeré que con ella
se me ha de casar también.

(Vase Ludovico. Sale el duque.)

Duque        ¿Persuadiréme a creer
que la duquesa me agravia?
No; que es la duquesa sabia;
sí; que si es sabia, es mujer.
No se había de ofrecer
a decir lo que no vio
Leonora. ¡Confuso yo,
cuyas imaginaciones,
entre las contradicciones,
padecen de un sí y un no!
   El marqués a Enrique acusa
de que es de Leonora amante,
con cargo semejante,
cuando él le culpa, le excusa.
Dar a Isabela rehusa
la mano por entender
que es, en su ofensa, mujer
de quien escaló su honor;
y aunque me encubre el autor,
pienso que Enrique ha de ser.
   Pues siendo Enrique, si adora
a Leonora, y se averigua
del papel que lo atestigua,
¿qué teméis, honor, agora?
¿Tiene de amar a Leonora,
y a mi esposa juntamente?
No os posible; Leonor miente.
¡Caso extraño! ¡Que la culpa
sirva a Enrique de disculpa,
y yo defenderle intente!
   ¿No es mejor matarle en duda
que no averiguar agravios?
No, temores, sed más sabios
mientras mi afrenta esté muda.

La verdad anda desnuda;
mal se me podrá ocultar.
Prudencia, hacer y callar;
que honor que averigua enojos,
orejas es todo y ojos,
mas no lenguas con que hablar.

(Sale Enrique, sin ver al duque, con una carta en la mano.)

Enrique
      Si Leonora aguarda aquí,
como dijo, este papel,
a Isabela engaño en él.
Lo que me dijo escribí.
      Pero el duque es éste. ¡Ay cielos!
Si ve lo que aquí la escribo,
a su rigor me apercibo.

Duque (Aparte.)
    (¡Qué filósofos sois, celos!
     Mil cosas conjeturáis,
todas contra mi sosiego.)
Enrique.

Enrique
          Gran señor...

Duque
               Ciego,
pues que no me veis, estáis.
    ¿A qué venís? ¿Qué papel
es ése?

Enrique
          Es cierta consulta
que en beneficio resulta
de vuestra alteza.

Duque
         Si en él

                              hay cosas de mi servicio,
                              dadle, secretario, acá.

(Turbado.)

Enrique                       Señor...

Duque                                        ¿Qué dudáis?

Enrique                                               No está
                              sacado en limpio.

Duque (Aparte.)                              (Otro indicio.
                              Sospecha, ¡qué poco a poco
                              verdades vais descubriendo!)
                              Dadle acá, que ver pretendo
                              lo que contiene.

Enrique                                       (¡Amor loco,
                              con mi vida acabáis hoy!)

(Dale el papel. El duque lo lee.)

Duque                         «El veros, señora mía...»
                              ¿Hay consultas en poesía?

Enrique                       Si la edad verde en que estoy,
                                  pide a la amorosa llama
                              que a su fuego dé motivo,
                              no se indigne en ver que escribo
                              disparates a mi dama,
                                  ni pase más adelante
                              vuestra alteza. Rasguelé.
Duque                         ¿Que le rasgue? ¿Para qué?

                                                              **123**

Yo también he sido amante.

(Lee.)　　«El veros, señora mía
favorecer mi bajeza,
pues por vos me dío su alteza
tantos cargos en un día,
ocasiona mi osadía,
puesto que no a mereceros...»

(Aparte.)　　(¡Ay recelos verdaderos!
Ya ¿de qué sirve encubriros?)

(Lee.)　　«...a lo menos a escribiros,
la vez que dejo de veros.
　　Sospechoso el duque está
con razón, de que os adoro.
Ni amor le pierde el decoro;
mas si es ciego, ¿qué no hará?
Por vos se asegurará
si sospechas desmentís
y segura os persuadís
de que a pesar de Leonora,
en vos sola mi alma adora
desde que os vio en Belpaís.»

(Saca la espada.)　　De tu castigo, villano,
he de ser ejecutor;
que no se venga el honor
sino con su propia mano.
¿Tú, atrevido, tú, tirano,
tú a la duquesa papeles?

Enrique (Aparte.)　　¡Señor! ¡Señor! (¡Ay crueles
peligros de un desdichado!
¡Oh, amar por razón de Estado!
¡Qué de males causar sueles!)
　　¿Papeles yo a la duquesa?

| | |
|---|---|
| Duque | Pues tú, desleal, ¿a quién?... |
| Enrique | Que me des la muerte es bien;<br>pero mi culpa no es ésa.<br>Oye, mientras te confiesa<br>mi atrevimiento mi insulto;<br>que puesto que dificulto<br>mis amores declararte,<br>cuando importa asegurarte,<br>no ha de haber secreto oculto.<br>    Yo ha un año que de Leonora<br>soy esposo, yo llevé<br>la escala, yo te quité<br>la espada al nacer la aurora.<br>Esto es verdad. |
| Duque |                No lo ignora<br>el marqués; que aunque calló<br>tu nombre, eso me contó.<br>Mas ¿por qué, si es verdad ésa,<br>finges amar la duquesa? |
| Enrique | ¿Yo la duquesa? ¡Eso no! |
| Duque | ¿Pues...? |
| Enrique |           Isabela. |
| Duque |               ¿A qué efeto? |
| Enrique | Leonora me lo ha mandado;<br>que en esta razón de Estado<br>estribó nuestro secreto.<br>Por este medio indiscreto |

fingió que amaba al marqués.

Duque                  Dime, pues, ¿para quién es
este papel?

Enrique                     A Isabela
se le escribe mi cautela,
porque creyendo después
   que a Leonora aborrecía,
de quien ha estado celosa,
tu sospecha rigurosa
aplacase.

Duque (Aparte.)            (¡Ay honra mía!
La verdad ha sido el día,
que deshaciendo el nublado
de tanto engaño y cuidado,
mi quietud descansa en vos.)
En fin, Enrique, ¿los dos
amáis por razón de Estado?

Enrique                  Pues su alteza me habla ansí,
no está indignado conmigo.

Duque                    Enrique, si te castigo,
vendré a castigarme a mí.
Desde el punto que te vi,
por oculta simpatía
te quiero bien. Tu osadía
te ha dado en favorecer.
Hoy mi cuñado has de ser;
dicha es tuya, piedad mía.

Enrique                  Sellen tus pies estos labios,

que no hallan ponderaciones
a tantas obligaciones,
y a más callar, son más sabios.

Duque                    Ansí castigo yo agravios.

(Salen la duquesa y Ricardo.)

Duquesa                  Participad, gran señor,
de mi dicha. Un sucesor
el duque mi padre tiene
en Cleves, y por él viene
a vernos.

Duque                              ¡Tanto favor!

Duquesa                  A mi padre sucedía,
por excluír las mujeres
Lotoringia, el de Niveres;
mas muerta la madre mía,
a un hijo que Cleves cría,
y por no causarla celos
encubren aquí los cielos,
es el que ahora viene a ver.

Duque                    ¡En Cleves! ¿Quién puede ser?

Ricardo                  No multipliquéis desvelos;
que ése es Enrique, señor,
que por padre me ha tenido.

Enrique                  ¿Quién? ¿Yo?

Duquesa                         ¡Ay hermano querido!

|  | No en vano te tuve amor. |
|---|---|
| Duque | Vuestra presencia y valor<br>no menos me prometía. |
| Enrique | ¡Tantas dichas en un día! |
| Duque | Disculpada está Leonora<br>pues tales prendas adora,<br>y aumentada mi alegría. |

(Salen Leunora, Lsabela, y Ludovico.)

| Ludovico | Señor, si Enrique no muere,<br>no aseguráis vuestro honor. |
|---|---|
| Isabela | Poco me estimáis, señor,<br>mientras Enrique viviere. |
| Leonora | Amante que a tantas quiere,<br>digno es, señor, de castigo.<br>Dale muerte, si os obligo. |
| Isabela | De Enrique estoy ofendida. |
| Ludovico | Enrique pierda la vida. |
| Leonora | Vengadme de ese enemigo. |
| Duque | ¿De vuestro esposo, Leonora? |
| Duquesa | Isabela, ¿de mi hermano?<br>¿Vos, marqués, tan inhumano,<br>con quien Lotoringia adora? |

| | |
|---|---|
| Ludovico | ¿Cómo es eso, gran señora? |
| Duque | Todo vuestro enojo cesa<br>por la más dichosa empresa,<br>que a Cleves pudo venir.<br>Salgamos a recebir<br>a vuestro padre, Duquesa;<br>  que después sabréis el cómo<br>de estas enigmas los tres. |
| Duquesa |   Duque Lotoringio es<br>Enrique mi mayordomo. |
| Enrique | Y vos ya mi esposa. |
| Leonora | ¿Cómo? |
| Enrique | Este fin el cielo ha dado,<br>después de tanto cuidado<br>al amor nuestro, mi bien<br>y aquí le tiene también<br>amar por razón de Estado. |

Fin de la comedia

## Libros a la carta

A la carta es un servicio especializado para
empresas,
librerías,
bibliotecas,
editoriales
y centros de enseñanza;
y permite confeccionar libros que, por su formato y concepción, sirven a los propósitos más específicos de estas instituciones.

Las empresas nos encargan ediciones personalizadas para marketing editorial o para regalos institucionales. Y los interesados solicitan, a título personal, ediciones antiguas, o no disponibles en el mercado; y las acompañan con notas y comentarios críticos.

Las ediciones tienen como apoyo un libro de estilo con todo tipo de referencias sobre los criterios de tratamiento tipográfico aplicados a nuestros libros que puede ser consultado en Linkgua-ediciones.com.

Linkgua edita por encargo diferentes versiones de una misma obra con distintos tratamientos ortotipográficos (actualizaciones de carácter divulgativo de un clásico, o versiones estrictamente fieles a la edición original de referencia).

Este servicio de ediciones a la carta le permitirá, si usted se dedica a la enseñanza, tener una forma de hacer pública su interpretación de un texto y, sobre una versión digitalizada «base», usted podrá introducir interpretaciones del texto fuente. Es un tópico que los profesores denuncien en clase los desmanes de una edición, o vayan comentando errores de interpretación de un texto y esta es una solución útil a esa necesidad del mundo académico.

Asimismo publicamos de manera sistemática, en un mismo catálogo, tesis doctorales y actas de congresos académicos, que son distribuidas a través de nuestra Web.

El servicio de «libros a la carta» funciona de dos formas.

1. Tenemos un fondo de libros digitalizados que usted puede personalizar en tiradas de al menos cinco ejemplares. Estas personalizaciones pueden ser de todo tipo: añadir notas de clase para uso de un grupo de estudiantes, introducir logos corporativos para uso con fines de marketing empresarial, etc. etc.

**131**

2. Buscamos libros descatalogados de otras editoriales y los reeditamos en tiradas cortas a petición de un cliente.